미국정치경제론
열두 편의 서신

Outlines of American Political Economy
Twelve Letters

OUTLINES

OF

AMERICAN POLITICAL ECONOMY,

IN A

SERIES OF LETTERS

ADDRESSED BY

FREDERICK LIST, ESQ.

Late Professor of Political Economy at the University of Tubingen in Germany,

TO

CHARLES J. INGERSOLL, ESQ.

VICE-PRESIDENT OF THE PENNSYLVANIA SOCIETY FOR THE PROMOTION OF
MANUFACTURES AND THE MECHANIC ARTS.

TO WHICH IS ADDED

THE CELEBRATED LETTERS

OF MR. JEFFERSON TO BENJAMIN AUSTIN, AND OF

MR. MADISON TO THE EDITORS

OF THE

LYNCHBURG VIRGINIAN.

PHILADELPHIA:

Printed by Samuel Parker, No. 48, Market Street.

1827.

미국정치경제론

미국의 균형발전을 염원하는 열두 편의 서신

Outlines of American Political Economy

Twelve Letters

프리드리히 리스트 지음

백종국 옮김

경상대학교출판부

일러두기

1. 이 번역서는 1827년의 파커본(*Philadelphia: Samuel Parker, 1827*)을 기초로 삼았다.
2. 주석은 원저자의 주가 6개, 역자의 주가 43개이다.
3. 본문 중 고딕체는 원서에서 이탤릭체로 강조한 부분이다.
4. 인명, 지명 등 외래어는 국립국어원의 외래어표기법을 따랐다.
   단, '펜실베이니아'의 경우 어감, 일반적인 통용 등을 고려해 '펜실바니아'로 표기했다.
5. 독자의 이해를 돕기 위해 권말 해제와 리스트 연표를 첨부했다.

역자 서문

한국정치경제학에서 자주 목격되는 현상은 이론과 실제의 괴리이다. 그중 대표적인 것은 이론적 패러다임과 실제 정책 사이의 괴리이다. 1960년대 이래 한국의 산업정책은 전형적인 민족주의 맥락에서 전개되었지만 이를 설명하는 이론은 자유주의 혹은 사회주의였다. 이것은 마치 포유류를 설명하면서 갑각류나 파충류 이론을 사용하는 것이나 다름없다. 부끄러운 일이다.

한국의 발전전략과 수출대체산업화정책을 보면 사회간접자본의 건설, 수출진흥확대 회의, 수출의 날 표창, 수출금융, 해외무역활동 지원, 산업자금 지원, 주요 원자재 수급 보장, 기업가 및 노동자에 대한 표창, 기술교육의 확대, 해외 기술연수 지원 등 한때 40여 가지가 넘는 국가주도의 산업정책들이 동원되었다. 이러한 정책의 기원은 어디인가? 일부 박정희 맹신자들은 마치 이 정책들이 박정희의 창작물인 것처럼 선전하고 있다. 그러나 존 메이나드 케인즈가 말한 바처럼 어떤 독재자가 자신의 독창적 주장인 것처럼 떠드는 정책도 알고 보면 그 이전에 어떤 학자가 자신의 책상머리에서 끄적인 낙서에 불과하다.

한국의 산업화정책은 프리드리히 리스트의 민족주의 패러다임에 거의 전적으로 의존하고 있었다. 세계를 움직이는 3대 패러다임들은 본질적으로 이론의 단위, 논리, 정책적 제안, 비전 등에서 현격한 차이를 보여 주고 있으므로 그의 실천도 명확하게 구분이 된다. 예컨대, 국가의 수출장려책은 자유주의자들에게 있어서 어리석은 것이고 사회주의자들에게는 악한 것이지만 민족주의자들에게는 바람직한 것이다. 민족주의 패러다임에 있어서 수출장려는 민족공동체 전체를 위한 분업적 활동의 일환이기 때문이다. 한국의 수출대체산업화전략에서 나타나는 보호관세, 수출보조금, 수출포상, 기술 장려, 국민주력기업 육성, 국가 주도의 철도 및 도로 건설 등은 민족주의 패러다임으로만 이해할 수 있는 정책들이다.

한국정치경제학에서 민족주의 패러다임이 소홀히 취급받게 된 이유는 수입학문에서 나타나는 매개의 변증법 때문이다. 한국은 국가형성기 때부터 냉전적 강대국의 패러다임, 즉 미국이 주도하는 자유주의와 소련이 주도하는 사회주의의 압도적 영향 하에 있었다. 따라서 수입되는 주요 학문도 이 두 패러다임에 편향되어 있었다. 학문적 매개자들은 설사 현실과의 괴리가 극심하더라도 자신들이 강대국에서 수학했던 학문적 논리로 한국의 정치경제를 이해하려는 경향을 보여 주었다. 이 때문에 한국의 각종 경제정책들은 서양에서 유학하고 돌아온 학문적 매개자들의 논리를 적용하고 시험해 보는 검증의 장으로 빈번히 이용되었다. 개꼬리가 개를 흔드는 격이었다.

다행히도 리스트의 민족주의 정치경제학이 최근에 다시 각광을 받고 있다. 그 예로 장하준에게 뮈르달상을 안긴『사다리 걷어차기』를 들 수 있다. 리스트의 역사분석과정에서 제기된 사다리 걷어차기라는 개념이야말로 강대국의 교활함과 후진국 국가발전의 애로를 한마디로 요약하는 단어라 할 수 있다. 리스트의 민족주의가 추구하는 핵심은 민족공동체의 자유와 독립, 풍요와 안전을 확보하기 위한 균형성장이었다. 그러나 아담 스미스의 자유주의를 맹목적으로 추종하는 자유주의자들의 왜곡과 학문과정에서 나타나는 매개의 변증법으로 인해 리스트의 이론은 우스꽝스럽고 시대착오적인 보호무역정책론으로 소개되고 있었다.

리스트의 최초 저작이라 할 수 있는 이『미국정치경제론』은 미국의 균형성장을 염원하는 민족주의 패러다임의 출발점을 잘 보여 주고 있다. 또한 미국이라는 초강대국이 어떻게 출발하였는지를 잘 보여 주고 있다. 외부적으로는 자유주의를 강요하고 내부적으로 민족주의를 강제하는 미국정치경제의 이중성을 이해하는 가장 좋은 자료이다. 미국이 어떤 생각으로 농업의 국제경쟁력을 육성하고 천연자원 확보를 위한 해외침략을 감행하였으며, 왜 다국적기업을 보호하고 타국에 대해 시장개방을 강제하는지를 쉽게 파악할 수 있다. 미국의 국가이익 최우선 전략은 리스트가 분석을 시도했던 1827년으로부터 현재에 이르기까지 일관되게 나타나는 현상이다.

프리드리히 리스트에 대한 연구가 국내에서 워낙 희소하기 때문에 그의 저술 체계를 잠시 설명할 필요가 있다. 근대 민족주의 패러다임의 주창자인 리스트의 저술은 크게 세 권이다. 첫째가 1827년에 영어로 쓴 12개의 편지로 사무엘 파커가 편집한『미국정치경제론』이다. 둘째는 1837년에 프랑스학술원의 공모논문으로 프랑스어로 제출한『정치경제학의 자연적 체계』이다. 셋째는 이 연구들을 종합하고 정리하여 1841년에 독일어로 발간한『정치경제학의 민족적 체계』이다. 마지막 책이 앞 두 권의 완결판이며 대표적인 저서로 간주되고 있다. 세 권의 책이 각기 다른 언어로 저술되었다는 점은 리스트 저술이 가진 국제적 성격을 잘 보여 주고 있다. 내용상으로 보면 첫 저술에서 마지막 저술까지 리스트의 이론이 축차적으로 발전하였다는 사실을 알 수 있다.

1827년의『미국정치경제론』은 미국의 균형발전을 염원하는 서신 형식의 논증이다. 당시 미국 사회를 지배하는 민족주의적 부국강병론인 미국체계론(American System)을 옹호하는 글로서 정치경제학의 정의, 민족주의적 시각의 불가피성, 생산력이론, 역사적 단계 인식의 필요성, 자유무역이론의 정치적 성격 등 이후에 전개되는 민족주의 패러다임의 핵심들이 간략하게 언급되어 있다. 27일 동안에 쓴 12개의 편지로 구성되어 있으며 14년 후에 나타나는 대표저서의 출발점이라 할 수 있다. 이 책의 이해를 돕기 위해 역자는 간단한 권말 해제와 리스트 연표를 첨부하였다.

직역보다 의역의 방법을 채택하였다. 이유는 다음 두 가지이다. 첫째, 원저는 주제의 범위에 비해 상대적으로 짧은 저술이어서 많은 생략과 도약이 있었다. 직역을 하면 말이 통하지 않는 부분도 있었다. 이러한 애로는 이 책 이후에 저술된 두 책을 대조하여 의역함으로 해결이 가능했다. 둘째, 라파예트가 걱정하고 리스트 자신도 인정하는 바로서, 리스트의 영어 실력 문제이다. 독일어 구문을 차용한 영어 표현을 사용했기 때문에 문단이 끊기고 연결이 잘 되지 않는 부분이 많이 나타났다. 따라서 독일어 체제를 감안한 영어 번역이 불가피했다. 이러한 점들이 독자의 이해를 위해 직역보다는 의역을 채택하지 않을 수 없었던 이유이다.

의역을 채택함에 따라 역자의 각주가 많이 제공되고 있다. 어떤 부분은 당시의 미국 독자들이 익히 알고 있어서 리스트가 따로 언급할 필요가 없었지만 현재 한국의 독자들로서는 이해하기가 어렵기 때문이다. 역주는 권말에 배치하였다.

이 책에는 저자 서문이나 편집자의 서문이 없다. 편지글로 신문에 게재된 것을 파커가 엮기만 했기 때문이다. 대신 파커의 편집본에는 매우 역사적이고 의미심장한 소개문 두 개가 저자 서문을 대신하고 있다. 하나는 미국독립과 프랑스대혁명의 영웅 라파예트 후작이 프랑스로 귀국하는 브랜디와인호 선상에서 리스트에게 보내는 안부편지이며, 다른 하나는 펜실바니아 검찰총장과 미의회 의원을 역임한 찰스 잉거솔이 내셔널 가제트지에 보내는 추천사이다. 이 시대에 있어서 가장 저명한 인사들이 리스트의 작업에 대해 어떻게 생각했는지를 보여 주는 최고의 서문이라고 할 수 있다.

번역은 1827년의 파커본을 기초로 삼았다. 그러나 이 파커본을 그대로 번역하면 독자들에게 많은 불편을 끼칠 수 있다. 파커는 첫 편지에서 여덟 번째 편지까지를 본 책으로 엮고, 아홉 번째 편지부터 열한 번째 편지까지를 부록으로 분리시켰기 때문이다. 또 열두 번째 편지는 정치적 이유로 누락시켰다. 권말에는 리스트 편지와 상관없는 제퍼슨 편지와 메디슨 편지를 한 부씩 추가하고 있다. 이러한 이유로 마가렛 허스트의 리스트 전기(1909)나 마이클 리비히의 독영 대조역 판본(1996)은 리스트의 12개 편지와 라파예트 및 잉거솔의 추천사만 『미국정치경제론』의 내용으로 다루고 있다. 이들은 빠뜨렸지만 이 번역본에서는 이 편지의 결과라고 볼 수 있는 펜실바니아공업진흥협회의 「리스트 결의안」을 결론 격으로 추가하였다.

역자가 봉직하고 있는 경상대학교는 2014년 연구년제 파견을 통해 이 책을 번역할 수 있는 환경을 제공하고 2014년 하반기 출판지원사업을 통해 출간해 주었다. 역자는 2014년 상반기 6개월 동안 미국 캘리포니아의 UCLA 한국학연구소에서 방문연구원으로 적을 두었다. 연구소의 갖가지 프로그램과 세계적 명성을 가진 UCLA 도서관이 번역 작업에 많은 도움을 주었다. 여기에서 파커본을 전자도서관의 영인본으로 접할 수 있었는데 이후 구글북에도 무료로 개방되어

있음을 발견했다. 거처를 모하비 사막 입구의 자그마한 도시에 두고
리스트의 각종 저작들에 푹 파묻혀 지낼 수 있어서 참 행복했다. 매우
고립된 생활이었지만 이를 마다하지 않고 도리어 사막의 정취를 함께
즐겨준 내 아내에게 깊은 감사를 드린다.

2014년 진주에서
백 종 국

라파예트 후작이
리스트에게 보내는 편지

브랜디와인(USS Brandywine)호 선상에서 1825년 9월 7일 보냄.

친애하는 리스트 교수께,

불가피한 사정으로 이 사랑스런 나라를 떠나면서 교수님의 자유를 향한 고통과 유럽을 향한 열정, 그리고 교수님의 업적과 뛰어난 학자로서의 관심사 등을 충실히 도와드리지 못함을 매우 유감스럽게 생각합니다. 영어 능력 등의 몇 가지 해결해야 할 문제들이 남아 있어 미국에서 활동하시기에 썩 좋은 상황은 아닙니다만, 교수님이 가지신 재능, 자유에의 헌신, 국민적 대변인으로서의 역할(혹자들은 뷔템베르크 의회로 한정하고 있습니다만), 납득하기 어려운 핍박 등은 여기 미국 친구들의 관심과 기대를 불러일으키고 있습니다.

　부디 교수님과 교수님 가족이 미국에서도 행복한 삶을 누리시길 빕니다. 리스트 부인께 저의 안부를 꼭 전해주십시오.

당신의 친애하는 라파예트가.[1]

찰스 잉거솔이
내셔널 가제트지에 보내는 추천사

친애하는 내셔널 가제트지 편집장에게,

제가 소개해 드리는 리스트 교수는 참으로 존경스러운 성품과 업적을 가지신 분으로 정치적 이유로 독일에서 추방당하시고 우리나라에 정착하고자 하시는 분입니다. 뷔템베르크 공국에 있는 튀빙겐대학의 정치경제학 교수로서 오랜 세월 봉사하셨고, 독일상공회의소의 고문으로 독일민족경제의 수립을 위해 노력하셨으며 이를 위해 여러 공국들을 방문하셨을 뿐 아니라 1820년에는 비엔나에서 열리는 독일의회에도 참석하셨습니다. 리스트 교수는 그때 뷔템베르크의 국회의원으로서 각종 조례와 재판제도, 형사 및 민사 재판기록의 공개제도 등을 추진하신 분입니다. 국가에 해를 끼치는 각종 제도를 개혁하려는 노력을 기울이셨으나 그로 인해 국가반역죄로 기소당하고 투옥되셨습니다. 이후 몇 년간 고초를 겪으시고 마침내 학문여행을 명분으로 미국 망명이 허용되셨습니다. 2년 전에 여기에 도착하셔서 라파예트 후작의 따뜻한 환영을 받으셨습니다. 후작께서는 우리에게 그가 추방당한 애국자이며 신뢰할 만한 학자라고 소개하셨습니다.

리스트 교수는 현재 레딩에 거주하고 계십니다. 독일에서 교수로 계실 때에 정치경제학의 원칙들을 탐구하고 강의하신 바 있습니다. 지난 해리스버그 총회에서 이 과제에 대한 관심을 불러일으키셨고 저에게도 자발적으로 몇 개의 서신을 보내셨습니다.

이 서신들을 보내 드리오니 귀하의 저널에서 출판하시기 바랍니다. 저 또한 이 나라에 봉사하고자 하는 리스트 교수의 의지를 매우 존중하며, 현재 논란 중에 있는 문제들을 해결하기 위한 리스트 교수의 지식을 널리 공유하고 싶습니다. 아마도 귀하의 저널 직원들 중에는 리스트 교수에 대해 호의적이지 않은 분들도 있을 것입니다. 리스트 교수는 저에게 이러한 경우일지라도 솔직하고 원활한 의사소통이 이루어졌으면 하는 바람을 표시하셨고 반드시 그 과정들이 공개적으로 진행되지 않아도 좋다고 말씀하셨습니다.

당신의 충직한 봉사자인 찰스 잉거솔이 보냅니다.[2]

차례

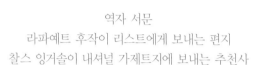

역자 서문
라파예트 후작이 리스트에게 보내는 편지
찰스 잉거솔이 내셔널 가제트지에 보내는 추천사

부록

자유무역이론의 근본적 오류

1827년 7월 10일 레딩에서

친애하는 잉거솔 각하에게,

정치경제학의 논찬에 대한 각하의 요청을 영광스럽게 여겨 이의 수
행을 서두를 생각이 없었던 것은 아니지만 잠시 건강상의 문제로 지
체하게 되었습니다. 건강이 회복되자마자 저는 정치경제학에 대한 저
의 연구를 귀하에게 보내 드립니다. 저의 이 연구는 오랜 세월의 탐구
결과일 뿐만 아니라 독일상공회의소의 고문 역할을 수행하면서 얻은
실제 경험이 녹아들어 있습니다. 독일상공회의소는 정치경제의 독일적
체계(*the German System*) 수립을 목적으로 결성된 단체입니다.

　저는 어쩌면 필라델피아공업진흥협회와 의회에서의 연설과 나일스
레지스터 기고문 등등에서 이 나라의 최고 정치가들이 그토록 조심스
럽고 지혜롭게 다루고자 하는 문제들을 지나치게 포괄적으로 건드리
는 만용을 저질렀는지도 모르겠습니다. 이러한 점을 고려하여 저는
이제 아담 스미스와 그의 추종자들이 제공하는 이론들의 성과를 다
루는 데에 저의 노력을 집중하고자 합니다. 이것은 당연히 잘 알려졌
어야 하지만 아직까지 그렇지 못한 이 이론들의 근본적인 오류에 관

한 연구를 의미합니다.

각하께서도 잘 아시겠지만 이 이론들은 정치경제의 미국적 체계 (*The American System*)를 공격하는 자들에게 매우 유용한 지적 도구가 되고 있습니다. 지금 상황을 보면 소위 자유무역을 지지하는 자칭 이론가들이 정치경제의 미국적 체계를 반대하는 세력들에게 힘을 보태주고 있는 형편입니다. 이 스미스와 세이의 추종자들은 과학과 지식에 있어서 자신들의 우월적인 상상력을 떠벌리면서 건전한 상식의 보호자들을 도리어 돌팔이 취급하고 있습니다. 이들은 건전한 상식의 보호자들이 저들의 신성한 원칙을 만든 자들보다 정신적 역량이나 연구 결과물에서 훨씬 취약하다 여기고 있습니다.

아이러니하게도 이 위험한 이론을 만든 사람들은 위대한 사고의 소유자들임이 틀림없지만 그들의 재능을 동원하여 그들의 공중누각이 마치 강력하고 단단한 기초를 지닌 성곽처럼 보이게 만들었습니다. 그들이 밝혀냈다고 생각하는 진실들은 알고 보면 불행을 초래하는 씨앗입니다. 이들이 실제의 삶을 위해 제공한 원칙들은 너무 추상적이어서 후세의 사람들이 의문을 제기하기조차 어려울 지경입니다. 각하께서도 잘 아시는 바와 같이 이 이론으로 정치활동의 기초를 닦은 사람들이나 오랫동안 이 이론을 찬양해 온 사람들이 꽤 많은 편입니다. 이들이 이제는 이 이론에서 헤어 나오기가 어려운 형편입니다. 이 이론에 기반을 둔 잘못된 체계에 너무 오랫동안 빠져 있었고 또 사적 이해관계자들이 그들의 네트워크 안에서 견고하게 지지하고 있기 때문에 이 이론에서 빠져나오려면 온전하고 독립적인 지적 능력을 갖추어야 합니다.

　이러한 사실을 두고 볼 때에 해리스버그 총회의 임무는 단순히 양모생산자들이나 모직제조업자들의 이익을 지지하는 것뿐만 아니라 이 오류 많은 이론의 뿌리를 도끼로 찍어 내는 것이라고 생각합니다.[3] 이 임무란 먼저 아담 스미스와 그 추종자들이 추구하는 체계가 오류로 가득 차 있음을 선언하고, 미국적 체계의 편에서 이 이론들에 대한 전쟁을 선포하는 것입니다. 그리고 학자들로 하여금 이 오류들을 탐구하게 하며, 미국적 체계를 가르치게 하는 것입니다. 마지막으로 주정부와 연방정부로 하여금 각종 대학과 교육기관에서 미국적 체계 연구를 수행하도록 지원하게 하는 일입니다.

　미국적 체계의 입장에서 볼 때 쿠퍼 박사의 최근 연구는 이러한 조치들이 왜 필요한지를 극명하게 보여 주고 있습니다.[4] 이 연구는(그냥 문자적으로 모아 보아도) 각하나 저, 해리스버그 총회에 참석했던 분들, 그리고 미국적 체계를 지지하는 모든 분들을 단지 바보로 취급하고 있을 뿐입니다. 여기에서 언급된 바를 인용해 보면, "해외시장에서 더욱 싸게 구입할 수 있음에도 불구하고 해당 산업의 관세를 지지하는 **어리석음**", "정부가 개인의 산업을 보호하는 **어리석음**", 등이 있습니다.(이 책의 195쪽을 보시면 11가지의 **어리석음**에 대한 나열을 볼 수 있는데, 이는 각하께서 해리스버그 총회에서 언급한 바로 그것들입니다.) 문제는 이 책이 우리의 자녀들과 국민들에게 가르치는 정치경제 교과서가 될 것이라는 점입니다. 이러한 씨앗이 뿌려지면 어떤 열매가 거두어지겠습니까?

만일 미국적 체계의 지지자들조차 이 이론을 인정하게 된다면 어떻게 되겠습니까? 이들이 국민들을 오도하지 못하게 하고, 젊은이들의 교육에서부터 전문 교사들의 교육에 이르기까지 그들의 이론에 따라 정치경제학의 원칙을 오도하지 못하게 하고, 궁극적으로는 의회의 다수가 그들의 이론에 따르지 않도록 노력하는 것이 중요하지 않겠습니까?

여기에서 저는 어떤 의사의 일화를 소개하고자 합니다. 이 의사는 환자들의 병을 진찰하면서 처방전의 실수 때문에 죽게 되지는 않으니 걱정하지 말라고 충고하였답니다. 제가 스미스의 존경받을 만한 이론체계에 의존하고 있는 미국인들에게 충고해 드리고 싶은 말도 이와 같습니다. 어떤 멋진 이상 때문에 바로 죽게 되지는 않으니 안심하시라는 것입니다. 그러나 진실로 우화와 같은 말씀을 하나 드릴 수 있습니다. 이후에 어떤 역사가가 다음과 같은 말로 이 국가의 쇠퇴를 추모하게 될지 모른다는 점입니다.

> "이들은 진실로 위대한 국민들이었다. 이들은 모든 점에서 지구상 최초의 민족이었다. 그러나 그들은 곧 쇠약해졌고 소멸했다. 교황도 아니고 국왕도 아닌, 해외에서 수입된 어떤 책 두 권의 무오류성을 믿었기 때문인데 그 책 중 하나는 스코틀랜드인이 썼고 다른 하나는 프랑스인이 썼다.[5] 이 책들의 전반적인 실패가 그 직후 모든 사람들에게 곧바로 알려졌음에도 불구하고..."

어떤 정치경제학이론이 무익하다는 주장이 있을 때 개명된 사회에서라면 당연히 이 주장을 뒷받침할 만한 증거들이 있어야 할 줄 압니다. 현재 이 증거들이 좀 부족한 형편이라면 마땅히 각하께서 뛰어난 식견으로 검토할 수 있도록 몇 가지 증거물을 제출하지 않을 수 없습니다. 제 주장을 검토할 만한 시간과 지면이 부족한 이유로 여기에서 중요한 부분만 제한적으로 다루는 것을 용서해 주시기 바랍니다.

제 연구결과에 따르면 근대정치경제학은 다음 세 가지 부분으로 구성되어 있습니다.[6] 1) 개인경제, 2) 민족경제, 그리고 3) 인류경제입니다.

아담 스미스는 개인경제와 인류경제를 다루었습니다. 그는 어떤 개인이 사회 내에서 다른 개인들과 접촉하면서 어떻게 부를 창출하고, 증대하며, 소비하는지를 다루었습니다. 또한 인류의 산업과 부가 개인의 산업과 부에 어떠한 영향을 미치는지를 다루었습니다. 문제는 그가 원래 그 책 제목에서 다루기로 약속했던 "국가의 부(*Wealth of Nations*)" 문제는 완전히 망각해 버렸다는 점입니다. 다양한 국가들의 권력과 헌법, 다양한 욕구와 문화들을 전혀 고려하지 않고 단순히 다음의 주제만을 다루었습니다.(인류가 지금처럼 서로 민족별로 나눠져 있지 않고 하나의 보편법과 동일한 문화하에 통일되어 있다는 것을 전제로 할 때 개인과 인류의 경제가 어떤 식으로 성립되는가?) 이 과제에 대해서는 스미스가 대단히 논리적으로 잘 다루었다고 말할 수 있습니다. 그리고 이러한 전제를 수용하는 한에서 그의 책은 대단한 진실들을 포함하고 있다고 말할 수 있습니다.

만일 이 지구상의 모든 국가들이 지금 미국의 24개 주처럼 하나의 연방국가로 통일되어 있다면 자유무역은 진실로 자연스럽고 상호유익한 제도일 것입니다. 특정한 영역의 땅, 특정한 숫자의 인간들을 전 지구 및 전 인류와 분리할 필요가 없을 것입니다. 또한 국가이익을 따질 필요도 없고, 인류 공통의 자유에 배치되는 특정 국가의 법이 있을 수도 없으며, 제한도 없고, 전쟁도 없을 것입니다. 모든 것이 자연의 흐름에 맞추어 흘러갈 것입니다. 영국의 자본과 기술이 브리튼 섬에서 차고 넘친다면 당연히 센느 강과 엘베 강으로 흘러갈 것이고 마침내 라인 강과 이베리아반도의 타호 강까지 흘러갈 것입니다. 영국의 자본과 기술은 보헤미아와 폴란드의 숲을 기름지게 할 것이고 멀리 갠지스 강과 세인트루이스 강까지 윤택하게 할 것입니다. 세계 모든 곳으로 자유와 질서를 운반하게 될 것입니다. 뉴저지 사람들이 미주리와 아칸사스로 이주하듯이 영국인이 갈리아와 헝가리로 이주하게 될 것입니다. 모든 국가들이 자국의 독립과 권력과 부에 대해 타국의 여러 수단들 때문에 가해질 수 있는 공포로부터 자유로울 것입니다.

이러한 상태는 너무도 바람직합니다. 이러한 미래를 꿈꾸는 철학자는 존경을 받아 마땅합니다. 어쩌면 종말의 시간에 창조주께서 이루고자 하는 섭리의 최종 형태일 수 있습니다. 그러나 존경하는 잉거솔 각하, 이는 실제 세계가 아닙니다. 현 세계의 처지에 비추어볼 때 아담 스미스의 체계는 아비 상삐에르와 같은 공상주의자가 꿈꾸는 영원한 평화의 기획에나 어울리는 주장입니다.[7] 이 기획은 다양하고 멋진, 그러나 이루어지기 힘든 국제법 체계를 포함하고 있습니다. 저는 합리적 이성으로 볼 때 다음과 같은 것들이 당연한 사실이라 믿고 있습니다. 국가들은 전쟁보다 각종 조약에 의해 그들의 이해관계를 처리하는 게 바람직합니다. 마치 미합중국의 각 주들이 각 주 간의 갈등을 해결하듯이. 전쟁은 이해관계가 다른 국가들 간의 결투이고 자유무역의 제한은 산업력이 다른 국가들 간의 결투라고 말할 수 있습니다. 존경하는 잉거솔 각하, 이러한 경우에, 귀하가 국방부장관으로서 각국과 우호조약들을 인정하고 또 전쟁이 없는 세계가 훨씬 더 행복할 것을 믿는다 해도 이로 인해 요새나 군인, 또는 군사학교를 포기하실 수 있겠습니까? 한 걸음 더 나아가 아담 스미스의 체계가 완벽하다는 점을 수용하고 이 이론의 비전이 세계 인류를 위해 완벽한 이상이며 따라서 자유무역이 인류를 위해 유익하다는 것을 받아들인다 해도 이 때문에 미국의 이해관계를 타국의 지시와 타국의 법률에 맡겨 버리는 행위를 미국의 국방장관으로 하실 수 있겠습니까?

저는 어떤 방식으로 논증할지라도 아담 스미스의 체계가 과학적 견해로서 어떠한 장점도 없다고는 생각하지 않습니다. 오히려 저는 정치경제학의 원칙들 중 상당수가 개인과 인류의 경제에 대한 그의 연구에 힘입어 발견되었다고 믿습니다. 아담 스미스의 실수는 이러한 보편적 원칙들이 인류가 각 민족공동체로 분화될 때에 중대한 수정이 발생한다는 사실을 빠뜨린 점에 있습니다. 그의 실수는 보편적 원칙에 예외가 많이 발생한다는 것, 혹은 매개자들에게 적용할 때에는 전혀 다른 원칙이 적용된다는 점을 간과한 데 있습니다.

개인경제학 또는 인류경제학은 아담 스미스가 다룬 대로 어떤 개인이 어떠한 수단으로 사회 내에서 개인의 부를 창출하고 증대시키고 소비하는가를 보여 주고, 또 인류의 산업과 부가 개인의 산업과 부에 어떤 영향을 주는가를 보여 주고 있습니다. 민족경제학은 어떤 국가가 각자의 특정한 상황에 맞추어 국가에 소속된 개인경제를 지시하고 조정하기 위해, 또는 외국의 간섭과 권력을 통제하거나 자국의 생산력을 높이기 위해 인류경제를 제한하는 각종 수단을 다루는 학문입니다. 민족경제학의 임무는 주권 국가의 테두리 내에서, 지구상에 존재하는 공동체로서, 세계 그 자체로서, 지구상에 존재하는 가장 강력하고, 부유하고, 완벽한 국가들 중의 하나가 되기 위해 어떻게 권력과 부를 증대시킬 것인가 혹은 어떻게 개인경제와 인류경제를 뛰어넘어 국민 모두의 복지를 증진시킬 것인가를 연구하는 것입니다.

다음 편지에서 저는 이 문제를 조금 더 천착하고자 합니다. 죄송한 것은 저의 짧은 영어 실력 때문에 저의 견해를 보다 정확하고 우아하게 표현하지 못하고 있다는 점입니다. 좀 더 노력하겠습니다.

귀하를 존경해 마지않는,
프리드리히 리스트 드림.

영국체제와 미국체제의 차이

1827년 7월 12일 레딩에서

친애하는 잉거솔 각하에게,

정치경제학의 세 가지 요소가 밝혀진 지금 정치경제학은 좀 더 명료해
졌고 낡은 이론의 오류는 보다 선명해졌습니다.

　개인경제학의 목표는 단순히 삶에 필요한 물자와 안락을 얻는
것입니다. 인류경제학, 혹은 좀 더 적절하게 표현하자면 만민경제학
(cosmopolitical economy)의 목적은 전체 인류의 삶을 위해 최대한의 물자
와 안락을 확보하는 것입니다. 펜실바니아 주의 개인적 삶은 인류의
삶에 포함되며 특수한 이해관계를 가지지 않습니다. 버몬트 주나 메
인 주에서 부나 생산력이 증대하더라도 잉글랜드의 부나 생산력과 관
계가 없는 것과 마찬가지입니다. 도리어 이 개인이 외국인 공장의 직
원이라면 국내산업의 증진으로 도리어 피해를 입을지도 모릅니다. 원
칙적으로 인류는 지구의 어느 부분에, 혹은 어떤 민족이 이룩한 산업
의 증진에 각별한 관심을 갖지 않습니다. 보편적 종류의 산업 증진으
로 보편적 이익을 얻을 뿐입니다. 이러한 경우라면 정부의 개입은 인
류 전반에 걸쳐 부정적 결과를 초래합니다. 이는 마치 미국의 24개 주
사이의 자유무역을 제한할 때 미국의 부와 생산력에 손해를 끼치는
것과 마찬가지입니다. **권력**이라는 요소는 개인에게나 전체 인류에 적

용할 수 없습니다. 만일 전 세계가 하나의 보편법에 의해 통합되었다면 어떤 특정 민족의 자유나 독립은 법에 의해 보장됩니다. 그 인구의 다소, 권력의 강약, 부의 많고 적음은 의미가 없습니다. 이것은 마치 미국 내에서 델라웨어 주의 부, 인구, 면적이 델라웨어 주의 이웃인 펜실바니아 주에 비해 십분의 일에 불과하더라도 델라웨어 주의 자유나 독립에 아무 문제가 없는 것과 마찬가지입니다.

잉거솔 각하, 바로 이것이 아담 스미스와 그의 제자 쿠퍼 박사의 이론입니다. 정치경제학의 두 극단을 다루는 점에 있어서만 그들의 이론은 옳습니다. 그러나 그들의 이론은 결코 평화나 전쟁 어느 것에도 유용하지 않습니다. 그들의 이론은 결코 어떤 국가나 민족에게 유용하지 않습니다. 그들은 국가를 인류의 한 부분으로만 보고 있기 때문입니다. 이러한 맥락에서만이 러시아에서 프랑스로 가는 프랑스군의 물자운송을 프랑스 선박에 맡긴 일에 대해 세이 씨가 책망한 것을 이해할 수 있습니다. 세이 씨가 보기에 네델란드 선박에 의한 운송은 프랑스 선박에 비해 톤 당 15 프랑이나 저렴했기 때문입니다.

세이 씨는 이렇게 말했습니다. "우리 해군 운송에 우리 선박에 특혜를 준 것은 경제가 아니라 정치이다!" 아담 스미스의 사도들은 일반적으로 그들의 랍비보다 더 심한 소리를 하는 경향이 있는데, 미국 의회의 구성원들 중에도 미국군의 화약을 국내에서 제조하는 것보다 비용이 적게 드니 영국에서 사오는 게 좋겠다는 주장을 정말 진지하게 하는 분들이 있습니다. 저는 왜 이 분들이 우리 군을 해체하자고 하지 않는지 모르겠습니다. 왜냐하면 미군을 유지하는 것보다 전쟁이 일어나는 시기에만 영국 해군을 고용하는 것이 더 싸게 먹히기 때문입니다. 같은 사례로 이 낡은 이론의 앵글로 아메리칸 챔피언인 쿠퍼 씨의 정치경제학 강의 한 부분을 인용할 수 있습니다. "정치는, 반드시 명심해야 하는데, 정치경제학의 요소가 될 수 없다."(앞서 인용한 책의 15쪽을 보아주십시오.) 화학자이신 쿠퍼 박사가 말한 바를 제가 다시 그의 전공분야인 화학적 용어로 서술해 보면 다음과 같습니다.

"화학이란, 반드시 명심해야 하는데, 화학기술의 요소가 될 수 없다."

진실로 이 스코틀랜드인의 이론을 추종하는 분들이 얼마나 잘못되었느냐는 그들이 그들의 과학을 정치경제학이라 부르고 있음에도 불구하고 막상 이 정치경제학에서 정치를 빼려고 그렇게 애를 쓰고 있다는 사실에서 알 수 있습니다. 만일 그들의 과학이 정치경제학이 되려면 거기에는 경제만큼이나 정치도 있어야 합니다. 정치경제학에서 정치가 빠진다면 이것은 그저 경제학일 뿐입니다. 진실을 말하자면 그들이 현재 쓰고 있는 경제학이란 이름 자체는 옳습니다. 이 스코틀랜드인의 제자들이 다루고자 하는 바로 그 방식의 올바른 표현이기 때문입니다. 그러나 그들이 실제로 다루는 내용은 그 이름에 부합하지 않습니다. 그들은 정치경제학을 나루는 게 아니고 만민경제학을 다루고 있기 때문입니다.

이 과학을 완성하기 위해 우리는 민족경제학의 원칙들(스미스 이론에서 빠진 부분)을 좀 다루어야 할 것입니다. 민족경제학의 사고는 당연히 민족국가의 존재에서 출발합니다. 민족국가는 개인과 인류를 이어주는 매개자입니다. 개인들로 이루어져 있으나 개인과는 구별된 사회로 공통의 정부, 공통의 법률, 권리, 제도, 이해관계, 공통의 역사, 영광, 공통의 안보와 자위권, 부자와 빈자, 헌정체계, 자유롭고 독립적인 존재, 때론 국가이익이라는 특수한 요소가 지배하는 존재로서 또 다른 주권체들과 함께 존재합니다. 이 민족국가는 개인들의 이해를 조정하고 국가를 구성하는 권력을 가지고 있습니다. 이 권력은 내부적으로 공공의 복지를 최대한 달성하고, 외부적으로 국가안보를 최대한 보장하려는 목적으로 행사됩니다. 이는 여타의 주권국가들도 마찬가지입니다.

이 민족국가의 목적은 개인과 인류의 재화 증대뿐만 아니라 국력과 국부의 증대입니다. 이 요소들은 상호보완적입니다. 왜냐하면 국부는 국력에 의해 증대되고 보호되며, 국력은 국부에 의해 증대되고 보호되기 때문입니다. 그러므로 정치경제학의 원칙은 경제적일 뿐만 아니라 정치적이어야 합니다. 개인들이 매우 부유할 수 있습니다. 그러나 국가가 그들을 보호해 줄 만한 국력을 가지고 있지 못하다면 그들은 하루 만에 그들이 평생 걸려 모은 재산을 뺏기거나 삶의 권리를 박탈당하거나, 자유와 독립을 상실할 수 있습니다.

순전히 경제학적 관점으로만 보면 펜실바니아인들에게 있어서 그들이 경작한 밀과 교환할 옷감을 제작한 제조업자가 올드 잉글랜드(영국)인지 뉴 잉글랜드(미국)인지 중요치 않습니다. 그러나 전쟁이 일어나거나 해안봉쇄의 시기가 되면 펜실바니아인들은 결코 그들의 밀을 영국으로 수출하지 않을 것이고 영국의 직물류를 수입하지도 않을 것입니다. 반면에 미국 내의 교역은 전혀 제한을 받지 않을 것입니다. 무역으로 제조업자가 부를 축적하게 되는 것은 동일하지만 영국에 거주하는 제조업자의 부는 전쟁이 발생했을 때 미국을 공격하는 힘이 될 것이고 미국에 거주하는 제조업자의 부는 미국을 지키는 힘이 될 것입니다. 평화의 시기라면 펜실바니아 농부는 영국으로부터 총과 화약을 사들여 사냥을 즐기는 데 사용할 것입니다. 전쟁의 시기라면 영국인들이 펜실바니아인에게 자신들을 저격할 총을 공급할 리가 없습니다.

국력은 국부를 보장하고 국부는 국력을 증진시킵니다. 또한 국력과 국부는 민족국가의 영토 내에서 농업, 상업, 공업이 조화로운 상태를 유지할수록 증진합니다.[8] 이 조화가 깨지는 경우 그 국가는 결코 강력할 수 없고 부유할 수도 없습니다. 단순히 농업에만 의존하는 국가는 그 국가의 시장뿐만 아니라 법률조차도 해외에 의존해야 하고 결국에는 외국의 호의와 악의에 휘둘리게 됩니다. 더욱이 제조업이 예술, 과학, 기술의 보금자리이며 결국 국력과 국부의 원천이라는 사실을 알아야 합니다. 단순히 농업만하는 국가는 가난할 수밖에 없습니다.(세이 씨 자신도 그렇게 말한 바 있습니다.) 팔 것도 없고 살 능력도 안 되는 가난한 국가는 결코 번창하는 상업을 가질 수 없습니다. 상업이란 바로 사고파는 행위로 구성되어 있기 때문입니다.

누구도 이러한 진실을 부정할 수 없습니다. 그러나, 잉거솔 각하, 문제는 과연 정부가 개인 산업을 통제할 권리가 있느냐 하는 것입니다. 물론 목적은 민족 산업의 세 영역 사이에 조화를 유지하기 위한 것입니다. 다음으로는 정부가 법률과 규제를 통해 지혜롭게 조화를 생성할 수 있는 능력을 가지고 있느냐 하는 것입니다.

정부는 당연히 그러한 권리를 가지고 있을 뿐 아니라 국가의 국부와 국력을 증진시키기 위해 가능한 한 모든 수단을 다 동원해야 한다는 의무 또한 가지고 있습니다. 물론 이 목적이 개인들의 이해로 좌우될 수는 없습니다. 해군으로부터 자국의 상업 활동을 보호하는 게 정부의 의무입니다. 왜냐하면 상인들이 스스로 그렇게 할 수 없기 때문입니다. 해운법을 만들어 해운을 보호하는 게 정부의 의무입니다. 해운은 해군을 지원하고 해군은 해운을 보호합니다. 해운은 항만시설로 증진하고, 농업과 기타 산업은 고속도로와 교량, 운하와 철도로 증진하고, 새로운 발명은 특허법으로 보호하며, 제조업은 보호관세로 육성해야 합니다. 개인들이 그들보다 우세한 외국의 자본과 기술에 대적할 수 없기 때문입니다.

제 생각에 보호방법과 효율성은 당연히 개별 국가의 상황과 처지에 전적으로 달려 있다고 봅니다. 개개인들과 마찬가지로 국가들도 그 처지와 형편이 각기 다릅니다. 거인 국가도 있고 난장이 국가도 있고, 젊은 국가도 있고 늙은 국가도 있고, 장애를 가진 국가도 있고 온전한 국가도 있습니다. 어떤 민족은 미신적이며, 어리석고 게으르며, 무식하거나 야만적일 수 있습니다. 다른 민족은 개명되고 적극적이며, 근면하고 문명적일 수 있습니다. 어떤 국가는 노예 상태이며 또 다른 국가는 반쯤 노예 상태이고 또 어떤 국가는 완전한 자유를 누리는 독립국입니다. 어떤 국가는 타국을 지배하는 제국이고 어떤 국가는 그저 독립국가일 뿐이고, 또 다른 국가는 그럭저럭 의존적 국가에서 벗어나지 못하고 있습니다. 어떤 위대한 현자께서 이들 모두에게 적용되는 보편적 법칙을 제시할 수 있겠습니까? 저는 불가능하다고 봅니다. 이런 시도 자체를 두고 본다면 마치 어떤 의사가 아이나 성인이나 노인이나 청년이나 가리지 않고 모든 경우에 동일한 처방과 동일한 투약을 하는 어리석음과 같다고 할 수 있습니다.

제조업을 위한 관세보호정책이 중요하다해도 스페인의 관세보호정책은 도리어 아직 가지고 있지 않은 사소한 산업조차 소멸시키는 결과를 초래합니다. 더구나 해군이 없는데 어떻게 관세보호정책을 실천할 수 있겠습니까? 어리석고 게으르고 미신적인 민족들은 결코 이 정책으로부터 유익을 얻을 수 없습니다. 아무리 어떤 국가를 사랑하는 마음을 가진 외국인이 있다 할지라도 잔혹한 절대 권력이 지배하는 나라라면 그의 자본과 생명을 기꺼이 희생해 줄 리 없습니다. 이러한 정부에서는 아마도 쿠퍼 박사가 하듯이 "자유방임"이 지구상에서 최고의 정책이라는 말만 계속 번역해 주고 반복하는 수밖에 없을 것입니다. 멕시코와 같은 중남미국가들을 보면 그들의 현재 상황에서 제조업을 껴안으려는 어리석은 정책을 추구하고 있습니다. 이 경우라면 해외 제조업이 요구하는 비싼 원자재를 판매함으로써 일단 산업을 성장시키고, 국민들의 의식을 향상시키고 국부를 축적하는 것이 가장 좋은 정책이 됩니다.

만일 어떤 사람이 스위스 사람들에게 항해조례를 만들라든지, 터키 사람들에게 특허법을 제정하라든지, 한자동맹도시들에게 해군을 육성하라든지, 호텐토트나 인디언들에게 철도를 부설하라고 충고한다면 다들 웃을 것입니다. 미국조차도 영국의 식민지에서 독립국으로 전환했을 당시에는 일시적으로 봉건적 잔재를 유지하고 있었습니다. 그러나 성인으로서 힘을 가지게 된 후부터 어린아이와 같은 행동을 하지 않게 되었습니다. 성경의 야고보서에 "내가 어린아이였을 때에는 어린아이와 같이 행동하였으나 이제 어른이 되었으므로 어른과 같이 행동하게 되었노라."라고 서술한 바와 같습니다.

미국의 처지는 다른 나라의 처지와 비할 바가 아닙니다. 이와 같은 정부, 이와 같은 구조의 사회는 인류 역사상 있어 본 적이 없습니다. 미국처럼 재산과 교육, 산업과 부가 보편적이고 평등하게 분배된 나라가 없습니다. 풍족한 자연, 국토의 적절성, 다양한 기후, 광대한 해안선과 끝을 알 수 없는 미개척지, 젊은 인구의 활력과 자유, 미국은 이 모든 것을 갖춘 나라입니다. 어떤 민족도 미국인들처럼 25년마다 인구가 배로 늘고, 50년 만에 가입 주가 배로 늘고, 산업의 수준과 기술이 도약하고, 국력을 갖추되 몇 년도 안 되어 강력한 해군을 건설하고, 그야말로 짧은 시간에 역사상 어떤 민족들도 이루지 못했던 공공체계를 완성했습니다.

이 나라의 상황이 유례를 찾아보기 힘든 만큼, 제조업을 육성하려는 이 나라의 노력도 유례를 찾아보기 힘든 결과를 초래할 것입니다. 약소국들은 영국의 우월한 해군력에 고개를 숙여야 하지만 미국인들은 고개들 들고 당당히 맞서고 있습니다. 가난하고 교육수준이 낮으며, 게으르고 사기가 떨어진 민족들이라면 그들의 힘으로 제조업을 일으키기 힘들지만, 이처럼 자유롭고 모험적이며 교육수준이 높고 근면하고 부유한 민족이라면 순식간에 일으킬 수 있습니다. 다른 민족이라면 아무리 야망이 크더라도 어느 정도는 강대국 의존을 인정하고 경제적 봉건성과도 타협을 해야 합니다. 그러나 미국이 완전한 독립과 완전한 자유와 행복을 위해 자신들의 유례없는 힘을 사용하지 않는다면 이는 미국의 소명을 배신하는 것이 됩니다. 그런데 중요한 것은 만일 제조업이 농업 및 상업과 함께 산업적 조화를 이룰 만큼 성장하지 못한다면 이러한 유례없는 국력과 국부와 독립은 이루어질수 없다는 점입니다. 따라서 미국 정부는 제조업을 지원하는 일에 전력을 기울여야 하며 그렇지 않는 경우 큰 잘못을 저지르게 됩니다.

미국의 처지가 영국의 처지와 다른 만큼 미국정치경제는 영국정치경제와 다를 수밖에 없습니다. 영국정치경제의 목표는 영국이 계속 세계의 공장이 되는 것, 자국 시민들의 삶을 희생하더라도 모든 제조업을 독점하는 것, 자신의 식민지들이 낮은 산업 수준과 봉건적 경제체제에 머물도록 정치적 술수와 자본, 기술과 해군력을 쏟아 붓는 것입니다. 미국정치경제의 목표는 3개 산업영역 간에 조화를 이루도록 하는 것입니다. 그렇지 않으면 민족 산업의 완성도가 떨어지기 때문입니다. 좀 더 자세히 말하자면 자국의 자원과 산업을 활용하여 자국의 수요를 충족하는 것인데 이로 인해 개척지의 인민들에게 삶의 자료를 공급하고, 해외 인력과 자본과 기술을 끌어들이고, 국력과 국방력을 증진시켜서 국가의 독립과 미래를 보장하는 것입니다. 최종목표는 자유롭고 자주적인 강대국이 되는 것입니다. 그리고 미국이 원하는 바대로 모든 사람들로 하여금 자유와 힘과 풍요를 누리게 하는 것입니다.

영국정치경제는 **지배지향적**입니다. 미국정치경제는 **독립지향적**입니다. 두 체제 사이에 유사점이 없고 그 결과에 있어서도 공통점이 없습니다. 미국은 현재 내각의 일부가 걱정하는 것처럼 모직물의 과잉공급이 발생하지 않을 것입니다. 제조업자들의 악덕을 경계할 필요도 없습니다. 왜냐하면 모든 노동자들이 그들의 가족을 정직하게 부양할 만한 소득을 얻고 있기 때문입니다. 아무도 노동력의 부족으로 굶주리거나 고통받지 않습니다. 만일 노동자들이 제조업에서 그들의 가족을 부양할 만한 소득이 발생하지 않는다면 농지를 부여받아 농사를 지으면 됩니다. 지금 미국에는 수천만 명의 인민들이 자영농으로 전환하여도 될 만큼 충분한 토지가 끝없이 널려 있습니다.

이 편지에서는 만민경제학과 정치경제학을 혼동한 스미스와 세이의 근원적 오류를 설명했습니다만, 다음 편지에서는 이를 추종하는 몇 분들의 주장이 가지고 있는 오류를 지적하고자 합니다.

귀하를 존경해 마지않는,
프리드리히 리스트 드림.

세 번째 편지

자유무역이론의 정치적 동기

1827년 7월 15일 레딩에서

친애하는 잉거솔 각하에게,

아담 스미스의 이론은 너무나도 큰 권위를 가지고 있기 때문에 이 이론에 반대하거나 이 이론의 무오류성에 대해 의문을 제기하려는 사람들에게 바보라는 오명을 덮어씌우는 경향이 있습니다. 세이 씨는 그의 모든 저작에서 이 고매한 이론에 반대하는 모든 주장들을 어중이 떠중이 혹은 천박한 것 등으로 부르곤 했습니다. 쿠퍼 씨는 그의 입장에서 볼 때 미국에 있으면서 파리에 사는 세이 씨처럼 말할 처지가 아니어서 그랬겠지만 그냥 어리석다는 표현을 사용하고 있습니다. 그는 피트 영국 수상 부자와 뒤이어 영국 수상이 된 폭스 씨가 너무 무식쟁이어서 이 고매한 이론의 기초적 원칙마저도 이해할 수 없었다고 한탄하고 있습니다.[9]

이 무오류성의 신봉자들이 우리에게 엄숙하고 품위 있게 주장하는 말이 있습니다. 에드워드 3세, 엘리사베스 여왕, 콜베르, 뒤르고, 프레데릭 2세, 조셉 2세, 피트, 폭스, 나폴레옹 황제, 워싱턴 대통령, 제퍼슨, 그리고 해밀턴과 같이 인류 역사에 있어서 대표적인 지성적 사고를 가진 자들조차도 정치경제학의 진정한 원칙을 이해하지 못할 정도로 무식하다는 것입니다. 세이 씨의 반대자일 뿐이라면 소위 무식쟁이들 속에서 안락함을 느낄 수도 있겠습니다만 저는 꼭 이 말을 해야

겠습니다. 오랜 시간 동안 저는 바로 스미스와 세이의 신실한 추종자였을 뿐 아니라 이 무오류적인 이론의 열성적 전파자였습니다. 이 마스터들의 저작을 공부했을 뿐 아니라 영국과 독일과 프랑스에 퍼져 있는 그들의 제자들이 지은 저작들도 열과 성을 다해 공부했습니다. 내 자신이 성숙해지기 전까지 저는 이들의 충실한 추종자였습니다. 그런데 저는 저의 조국에서 나폴레옹의 대륙봉쇄령이 떨어졌을 때 이 봉쇄령이 초래한 놀랄 만한 결과를 목격했고, 또 나폴레옹이 몰락한 후 자유무역으로 복귀하였을 때 발생한 파멸적 결과를 볼 수 있었습니다.

독일 산업은 대륙봉쇄령의 시기에 비약적으로 발전했습니다. 비록 프랑스와의 경쟁에 노출되고 있었지만 영국과의 경쟁에서 보호를 받았기 때문입니다. 이 비약적 발전은, 비록 전쟁으로 인한 파괴와 프랑스의 독재적 착취로 고통을 받긴 했지만, 제조업의 영역에서뿐만 아니라 농업을 포함한 전 산업분야에서 발생했습니다. 산업 전반에 걸쳐 수요가 급증했고 임금과 지대, 이자, 토지, 상품의 가격이 동시에 상승했습니다.

대륙봉쇄령이 종료된 이후 독일의 제조업은 몰락했습니다. 영국의 상품이 독일 제조업이 제시할 수 있는 것보다 훨씬 더 싼 가격으로 들어왔기 때문입니다. 처음에는 농가나 토지를 소유한 귀족들이 낮은 가격으로 상품을 구입할 수 있어서 좋아했습니다. 특히 양모생산자들이 좋아했는데 그들의 양모를 높은 가격으로 영국에 팔 수 있었기 때문입니다. 따라서 스미스와 세이의 원칙들이 인기가 있었습니다.

그러나 독일에서 자국의 제조업을 위해 원료를 구입한 영국이 곡물법 등으로 자국 생산자들의 이익을 보호하는 조치를 취하자 독일의 양모와 곡물 가격이 하락하였고 결과적으로 독일의 지대와 임금과 자산도 더욱 더 하락하였으며 마침내 파멸적 결과가 초래되었습니다.[10]

현재 독일의 농산물 가격은 대륙봉쇄령 시대보다 3~4배 하락했습니다. 독일의 자산도 형편없이 하락했습니다. 제조업자들은 물론이고 양모업자들과 농가들도 황폐화되었습니다. 그들이 과거에 구매하던 값비싼 독일 상품량에 비하면 값싼 영국제품임에도 불구하고 겨우 3분의 1 수준에 불과한 상품을 구매할 뿐입니다.

이러한 결과를 숙고하여 볼 때 저는 먼저 이 낡은 이론의 무오류성에 의문을 가지지 않을 수 없습니다. 비록 저의 안목이 이 이론체계의 오류를 한 눈에 파악할 수 있을 정도로 날카롭지 못하고 또 그리 많은 증거로 뒷받침하지 못한다 하더라도 저는 그 열매로 나무를 판단할 수 있습니다. 아무리 정교하게 포장하고, 아무리 인상 깊은 사례들을 끌어다 사용한다 해도, 어떤 의학이론과 같이 그 이론을 실천하는 자들의 삶을 파괴한다면 그 이론은 근본적으로 잘못된 것입니다. 어떤 정치경제학이론이 상식을 가진 사람들의 기대와 동떨어진 결과를 초래한다면 이는 잘못된 이론입니다. 이러한 확신을 갖게 된 후 저는 마침내 이 이론의 추종자들을 공개적으로 반대하기 시작했습니다. 그리고 저의 반론은 매우 인기가 있어서 몇 주가 되지 않았음에도 독일제국 전역에 널리 퍼졌고 수 천 명의 일류 기업가들이 독일민족경제를 수립하는 목적으로 독일상공회의소를 구성하게 되었습니다.[11] 이

자유무역이론의 정치적 동기

협회의 고문으로 협회 임원들과 함께 독일 지역의 영주들을 방문하게 되었고(1820년에 개최된 독일의회에 참석하기도 하였습니다.) 여러 정부에 이 독일체계의 필요성을 일깨워주었습니다. 독일의 모든 인민들, 농민과 모직생산자와 지주는 말할 것도 없고 제조업자들이 이 필요성에 동참하였습니다.

대부분의 독일인들이 제 이론에 찬성하였지만 한자동맹의 도시들과 라이프지히에서는 반대의 목소리가 있었습니다.[12] 이 반대 목소리의 주인공들은 주로 영국 회사의 대리인들이거나 영국회사에 지분을 가지고 있는 은행가들이었습니다. 이 공동체적 복지의 적대자들을 이끌거나 지원하는 자들은 스미스 및 세이를 추종하는 소수의 사도들이었습니다. 이들은 대체로 자신의 이론을 반대하는 목소리로 인해 학문적 자존심에 상처를 입었거나, 그들의 학문적 발전과 꿈에 사로잡혀있거나, 영국과의 이해관계와 엮여 있는 사람들입니다. 이들은 자유무역이라는 낡은 호랑이 등에 올라탄 처지여서 내려올 수가 없으므로 끊임없이 자유무역의 이익만은 되풀이합니다. 자유로운 교역 자체가 각국의 이해관계에 의해 모든 가능성이 닫혀 있는 상태임에도 불구하고 말입니다.

독일 국내에서 이 문제에 관해 가장 현명한 이론가들께서 사회의 제반 원칙에 대해 교훈을 주셨습니다. 그분들 중에는(특히 조덴 백작님이 그러한데, 이 분은 정치경제학에 대해 가장 저명한 독일학자이십니다.) 제가 발행하는 잡지에 이미 유익한 기고들을 해 주셨습니다.[13] 이 잡지의 목적은 국가체제에 대한 국민들의 사고방식을 개선하기 위한 것입니다. 모든 독일 지방 정부들이 이류와 삼류를 불문하고(하노버와 한자동맹도시들을 제외하면), 최소한 이 체제의 필요성에 대해서 확신하고 있으며 민족의 공동 이익을 구현할 수 있는 가조약을 1820년 비엔나에서 체결한 바 있습니다. 이 조약이 아직까지 실천되지 못하고 있다면, 이는 다음의 이유 때문입니다. 그것은 서로 다른 지방정부들이 각각 독립적일 뿐 아니라 공통의 이익을 결정하기 위한 단일 의회가 없는 상황에서 단일 조약을 실천하기 어렵기 때문입니다.

그러나 소문의 내용이 사실이라면 곧 바이에른의 현 국왕께서(이 분은 현대적 식견과 강한 추진력뿐만 아니라 모든 독일 민족의 복지를 위한 자유 지향적 사고방식을 누구보다 뛰어나게 가지신 분이십니다.) 이 모든 난관을 극복하는 돌파구를 마련하실 것입니다.[14] 저도 독일상공회의소의 고문으로 일하는 동안 거의 매일 스미스와 세이의 추종자들과 투쟁하였습니다만, 이 낡은 이론의 모든 요소들이 마침내 이러한 실천들에 의해 폭로되었고 또 이러한 인내심과 열성이 저의 빈약한 재능으로는 결코 이룰 수 없는 것조차 가능하게 만들었다는 점을 잘 알고 있습니다.

친애하는 잉거솔 각하, 제가 이러한 긴 논증을 늘어놓으며 귀하를 번거롭게 하는 이유는 이미 명성을 얻은 정치경제학자들의 위대한 과업을 반박하는 저의 소박한 노력을 말씀드리고자 함입니다. 제가 걸어가고 있는 이 길은 미국의 애국자들께서 걸어간 그 길이며 심지어 프랑스의 애국자들이 걸어간 길이기도 합니다. 프랑스의 저명한 화학자이며 정치가인 샵탈 백작은 세이의 강력한 적수로서 프랑스의 화학과 화학산업의 발전에 그 어느 누구보다도 큰 기여를 하였습니다.[15] 저는 각하께 그의 책『프랑스 산업』제15장을 한 번 읽어보시라 권하고 싶습니다. 아마 각하께서도 거기에서 세이 이론의 가장 실질적이고 확실한 반박을 찾아보실 수 있을 것입니다. 비록 샵탈 백작이 세이에 대해 직접적인 비판을 하고 있지는 않습니다만.

저는 샵탈 백작의 권위 있는 논증이 논증 그 자체보다는 명성을 더 중시하는 습관을 가진 분들에게도 도움이 되리라 믿습니다. 또한 그의 논증은 제가 왜 이러한 길을 걸어가고 있는가를 보여 주는 이유이며 많은 분들이 이 토론에 있어서 공평한 판단을 할 수 있는 유인이 되리라 믿고 있습니다.

스미스와 세이의 이론에 대한 영국 정부의 최근 주장을 굳게 믿는 습관을 가진 분들을 위해 저는 여기에서 이 이론들의 엄청난 지배력과 파워가 어디에서 어떻게 나타나고 있는지를 다루고자 합니다. 다른 편지에서 다루고 있는 영국정치경제 일반에 관한 흥미 있는 주제들을 참조해 주시기 바랍니다. 스미스 이론의 국제적 헤게모니에 관한 제 연구 결과는 다음과 같습니다. 스미스와 세이의 이론에 관한 영국의 캐닝 수상과 허스키슨 무역협회장의 치밀한 활동은 세계인의 허술한 신뢰체계를 활용하는 최고의 일급 정치공작이라 볼 수 있습니다.[16] 입을 열 때마다 만민경제학적 수사를 쏟아 내는 이 신사 분들은 사실상 영국의 산업력과 정치력에 전능성을 부여하려는 목적으로 활동하고 있습니다. 이 캐닝 씨가 1827년에 파리로 갔을 때 그의 손에는 세이 씨의 책이 들려 있었습니다. 그는 세이의 책을 프랑스의 비엘 수상에게 보여 주면서 비엘 수상이 전 프랑스 제조업의 이익을 내려놓고 프랑스의 포도주를 대영제국으로 수입하자는 캐닝의 주장에 동의하면 이것이 얼마나 인류의 복지에 기여할 것인지를 설득하고 있었습니다.[17] 친애하는 잉거솔 각하, 만일 프랑스의 장관들이 두 번씩이나 캐닝 씨에게 고분고분한 얼간이처럼 행동했다면 무슨 일이 일어났었고 또 앞으로 그 결과가 어떠할지 능히 짐작이 가지 않습니까?

이제 프랑스의 제조업과 함께 제조기술력은 의심할 바 없이 몇 년 지나지 않아 급속히 쇠퇴하게 될 것입니다. 물론 프랑스는 포도주와 주정류를 과거보다 더욱 많이 생산하고 판매할 수 있습니다. 그러나, 친애하는 잉거솔 각하, 차후에 캐닝 씨나 그의 후임 영국 수상이 이 포도주 시장을 붕괴시키는 데 몇 시간이나 걸리겠습니까? 그리고 포도주 시장이 붕괴된 이후 프랑스가 제아무리 강력한 법률조치나 심지어 전쟁 수단을 사용한다 해도 영국이 포도주 시장을 붕괴시키는 데 드는 시간 정도에 프랑스의 제조업을 다시 일으킬 수 있겠습니까? 결코 그렇게 되지 않을 것입니다. 제조업을 다시 일으키기 위해서는 수십 년의 세월과 수천만의 인력이 필요합니다. 바로 이러한 이유로 프랑스는 자유무역조약을 체결하자마자 그 자신이 영국에 의존적이 되었다는 생각을 떨쳐버릴 수가 없을 것입니다. 이는 마치 포르투갈이 1703년에 그 유명한 메튜엔 씨와의 조약을 체결한 이래 국가의 처지가 독립국에서 영국에 의존하는 포도주 생산지로 전환된 것과 유사합니다.[18]

만일 비엘 씨가 런던에서 발행되는 『쿠리에』지에 실린 캐닝 씨의 영국의회 연설을 잠시만이라도 살펴본다면 이 상황을 금방 알 수 있습니다. 의회 연설에서 캐닝 씨는 프랑스의 스페인 침공이라는 엄청나게 중요한 사태에 직면하여 자기가 어떻게 비엘 씨를 얼간이로 만들었는지를 자랑하고 있었습니다.[19] 두 사례는 정확하고 놀라울 정도로 닮았습니다. 프랑스가 스페인을 침공했을 때에 캐닝은 국제법 저촉을 이유로 영국의 불개입을 선언했습니다. 사실은 프랑스의 침공이 국제법에 어긋나는 것이었음에도 불구하고 말입니다. 그러나 작년에 캐닝이 영국의회에서 자못 자랑스러운 태도로 단언하기를 이 정책은 사실상 영국의 속임수였다는 것입니다. 이 속임수의 목표는 프랑스를 침공하는 것으로 스페인 정부를 약화시켜서 스페인의 식민지였던 남아메리카에 독립 공화국들을 만드는 것이고 결과적으로 영국 제조업을 위한 방대한 시장을 확보하는 것이었다고 캐닝은 말합니다.

캐닝 씨의 속임수가 성공적이었다고 인정합시다. 그렇다 치더라도, 국제법을 운운하는 캐닝의 진정한 목표가 이처럼 선명해졌음에도 불구하고, 모든 상식을 갖춘 사람들이, 특히 제가 기대하기로 비엘 씨가 만민경제학의 원칙에 대한 존경을 계속 신성하게 유지해야 하겠습니까? 진실로 얼간이를 만들었던 사람을 다시 얼간이로 만드는 일은 비열한 일이며 얼간이가 되었던 사람 스스로도 두 번 다시 얼간이 짓을 하지 않는 게 자신을 위해 좋은 일입니다. 비엘 씨의 입장에서 볼 때는 스스로 얼간이 짓을 그만두는 편이 캐닝 씨에게 의회 연설을 번복하라거나 이미 한 연설과 다른 입장을 표명하라고 요구하는 편보다 나을 것입니다.

저는 캐닝과 허스키슨의 사례를 통해 왜 모든 미국인들이 쿠퍼 총장의 광신에 동참하지 않아야 하는가에 대해 충분히 설명했기를 바랍니다. 진실로 세이 씨와 그 이론 체계의 영광에 좀 더 근원적인 상처가 가해지더라도 교활한 캐닝에 의해 미국에서도 똑같은 사건이 발생하지 않는 편이 나을 것입니다. 저는 미국의 역사에서 쿠퍼의 이름이 공공적 이익의 보호자로 간주되지 않을 것이라고 확신합니다. 현재의 상태에서 프랑스에 대한 두 차례의 신성동맹 침공이 프랑스의 독립에 가져다준 해악보다 영국과의 자유무역이 미국에게 가져다주는 해악이 더 클 것이기 때문입니다.[20]

우리의 주제에 본격적으로 들어가기 전에 저는 스미스의 이론체계가 어떻게 해서 세계의 지식인들에게 그토록 권위를 차지하게 되었는지를 검토해 보고자 합니다. 세이 씨는 확실히 이전에 알 수 없었던 많은 진실을 밝혀냈고, 그의 저술들에는 탁월한 재능과 현명함과 경험으로 가득 찬 멋진 논증들이 있습니다. 비록 이 이론이 경제학체계의 한 대안에 불과하며 이 이론의 약점과 실패는 인류가 이미 잘 알고 있는 형편이라 할지라도 이러한 장점들이 그의 이론체계를 실제보다 더욱 신뢰성 있게 만들었습니다. 지식인들의 세계는 정치경제학을 원하고 있었으며 스미스 이론은 좋은 모범이 되었습니다. 그의 이론은 만민경제학의 정신에 따라 만민주의 시대를 펼쳐 보이고 있었습니다. 그것은 전 세계의 자유, 영원한 평화, 자연권, 세계정부와 같은 주제들이었으며 철학자들과 박애주의자들의 간절한 바람이었습니다. 세계적인 자유무역은 이러한 원칙들과 잘 조화를 이루고 있습니다. 이

것이 바로 스미스 이론의 성공 요인입니다. 더욱이 이 이론은 약소국들에게도 훌륭한 위안거리를 제공하고 있습니다. 자신의 국가체계를 유지할 국력이 없는 나라들은 자비로운 자유무역체제에 큰 기대를 걸고 있습니다. 이는 마치 그들이 그로티우스나 파텔, 푸펜도르프나 마르뗑의 주장에 기대를 걸고 있는 것과 마찬가지입니다.[21] 약소국들은 총칼의 힘으로 그들 자신을 보호할 능력이 없기 때문입니다.

이 이론이 제공하는 신비에 참여하는 것은 별로 어렵지 않습니다. 그저 다음과 같은 주문을 외우면 됩니다. "산업에 가하는 규제를 철폐하라(자유롭게 두어라), 만사를 건드리지 말아라." 이렇게 주어진 지침 이외에 매우 현명한 정치가들 편에서 수행해야 할 위대한 재능, 위대한 노력, 많은 실천도 아무 필요가 없습니다. 여러분은 만물이 스스로 원하는 바대로 그냥 두는 것 외에 아무것도 할 일이 없습니다. 왜냐하면 이 문제는 이미 세계에서 가장 현명하고 가장 지적인 사람들에 의해 이미 다 정리되어 있기 때문입니다. 진실로 이는 쉬운 일입니다. 그러나 영국의 위대한 인물들은 이러한 수동적 체제에 관심을 갖고 있지 않습니다. 대영제국의 외무장관을 역임한 폭스 씨가 말했듯이 타국과의 경쟁을 뛰어넘어 정치적 수단으로 조국의 국부와 국력을 증진시키려는 사람들은 결코 자유방임을 선택할 수 없습니다.

만일 우리 시대에 아담 스미스의 이론체계를 포용하려는 영국의 위대한 정치가들이 있다면, 의회 연설로서가 아니라 실제로,[22] 그들은 정확히 나폴레옹이 하고자 했던 일을 하면 됩니다. 나폴레옹은 그의 최전성기 때에 형제자매들과의 영원한 평화를 누리기 위해 지구상의 모든 국가들의 군대와 함대를 해체하자고 제안했습니다. 만일 타인의 학살이나 살해에 흥미를 느끼거나 값비싼 전쟁 수단 유지 때문에 복지 수준을 낮추고 싶어하지 않는다면 말입니다.

그러나 인류 역사는 아담 스미스의 시대 이후로 경험과 지식에 있어서 놀라운 발전을 거듭해 왔습니다. 그와 우리 사이에는 미국독립과 프랑스대혁명이 놓여 있습니다. 그리고 영국의 해양패권, 프랑스의 유럽 대륙 패권, 프랑스의 왕정복고, 신성동맹과 라틴아메리카 국가들의 독립이 놓여 있습니다.

새로운 사람들이 새로운 정부와 보편적 복지와 자유를 위한 새로운 사상들을 가지고 일어나고 있습니다. 이 사람들은 보편적이고 자유로운 토론을 통해 거짓과 진실을, 환상에 입각한 이론과 실제에 기초를 둔 이론들을, 만민경제학과 정치경제학을, 말뿐인 주장과 구체적 실천을 구분하게 되었습니다. 이 사람들이 자신의 노력으로 타국의 희생을 강요하지 않고 자국의 국력과 국부를 최고조로 달성하려 노력하는 행위를 한다고 해서 이기적이라고 비난할 수 없습니다. 이와 같은 맥락에서 이들이 인류의 복지를 증진하려는 일에 참여하지 않는다고 해서 비난할 필요도 없습니다. 왜냐하면 만일 이들이 이러한 과업에 동참하지 않는다면 강대국으로서의 지위도 상실될 것이기 때문입니다.

나폴레옹은 진심으로 지구상의 모든 국가들을 통합하고 자유로운 교류를 통한 인류 복지의 증진을 확보하려고 무진 애를 썼습니다. 그러나 영국은 그러한 보편적 행복의 비전을 좋아하지 않았습니다.

제가 보기에 미국도 결코 자국의 독립을 영국의 패권에 기초를 둔 보편적 인류의 복지와 교환하려 하지 않을 것입니다. 미국은 이 비전을 원하지 않습니다.

그러므로 자유무역에 기초를 둔 만민경제학적 제도는 아직 실천할 수 없습니다. 무엇보다도 이 체제가 실천되려면 나폴레옹 패권 체제이든, 영국 패권 체제이든, 혹시 미국의 패권 체제이든 전 지구를 지배하기로 결단해야 합니다. 이러한 결단이 실효적으로 나타나려면 몇 세기가 걸려야 할지도 모릅니다. 이러한 결단이 실효성 있기를 진정으로 바라면서 행동하는 사람들이 있을 수 있겠습니다만, 이 경우에 그는 매우 정직하고, 매우 고상한 인물일 수 있지만 매우 근시안적인 정치인으로 평가받을 것입니다. 그는 개인의 인류애적 목적에 헌신하기 위해 그의 조국을 파괴한 사람으로 낙인찍힐 것입니다. 역사는 우리에게 경제적 시각과 정치적 시각을 분리할 수 없다고 가르치고 있습니다. 역사는 포르투갈에 포도주를 팔기 위해 국가의 독립과 국력을 팔아서는 안 된다고 가르칩니다. 역사는 자신의 생존 자원을 자신의 힘으로 획득하기보다는 팥죽 한 그릇에 장자권을 팔아넘긴 에서를 비웃고 있습니다.[23]

비교적 긴 토론이었습니다만, 다음 편지에서 이 문제를 계속 다루기로 하겠습니다.

귀하를 존경해 마지않는,
프리드리히 리스트 드림.

네 번째 편지

국가가 갖추어야 할 세 종류의 생산력

1827년 7월 18일 레딩에서

친애하는 잉거솔 각하에게,

또 다시 이 문제의 핵심을 거론하면서, 저는 스미스와 세이 이론체계의 핵심 논리들을 먼저 공박하고 싶습니다. 그보다 덜 중요한 쟁점들은 이 이론 전체를 폐기하고 싶어하지 않는 분들을 위해 남겨 놓겠습니다.

스미스와 세이는 만민주의적 정치원리를 민족주의적 정치원리와 뒤섞음으로써 정치경제학의 목적을 완전히 오해하게 만들었습니다. 진실로 정치경제학의 목적은 개인경제학이나 만민경제학에서 말하는 것처럼 또는 상인들이 교역에서 중시하는 것처럼 물질을 얻는 것 혹은 물질을 다른 물질과 교환하는 것이 아닙니다. 정치경제학의 진정한 목적은 타국과의 교환이라는 수단을 통해 자국의 생산력과 정치력을 획득하는 것입니다. 혹은 그러한 교환의 과정에서 발생할지 모르는 생산력과 **정치력**의 저하를 방지하는 것입니다. 그러나 스미스와 세이는 생산력을 다루기보다 물질의 교환과 그 결과에만 관심을 가졌습니다. 그들은 생산력이나 국가의 흥망을 불러일으키는 이유, 그들 자신의 진정한 관심사가 되는 주요 목표를 간과함으로써 생산력이 가지는 다양한 구성요소의 진실한 효과나 물질의 교환이 초래하는 진실한 효과 또는 이 물질의 소비가 초래하는 진실한 효과를 인지할 수 없었습니다. 이들은 인간의 산업이 조성한 현존하는 물질의 축적을 자본이라는 보편적 이름으로 불렀습니다. 그리고 이 축적의 서로 다른 구성요소들에 **일반적**이고 **동등할** 뿐만 아니라 **전능한** 성격을 부여했습니다.

이들의 주장에 따르면 인민의 산업은 자본의 양 혹은 생산된 물질의 축적량에 따른다고 합니다. 이들은 이 자본의 생산성이 자연이 부여한 수단, 해당 국가의 지적·사회적 조건에 의존한다는 것을 고려하지 않고 있습니다. 그러므로 만일 이들의 과학이 생산수단의 축적을 보편적 의미의 자본으로 규정했다면 이와 동등한 관점에서 천연자원의 축적이나 지적·사회적 조건도 자본으로 규정하는 것은 너무나 당연한 일입니다. 다시 말하자면 **자연자본, 정신자본, 물질자본**이 있는 것입니다. 한 국가의 생산력은 물질자본에만 의존하는 것이 아닙니다. 도리어 이와 동등하게 혹은 이보다 더 본질적으로 자연자본과 정신자본에 의지하고 있습니다.

저는 이 짧은 논증만으로 모든 분들이 새로운 체계의 원칙들을 이해한다거나 낡은 체계의 실패를 잘 이해할 수 있으리라 기대하지 않습니다. 이러한 이해를 위해서는 과학적 발전이 요청됩니다. 그러나 제가 각하께 편지를 드리는 이유는 훨씬 더 실질적인 문제를 해명하기 위해서입니다. 그것은 바로 미국과 영국 사이의 모직 및 면직류 무역에 있어서 제가 제기한 분석의 정확성이라 할 수 있습니다.

친애하는 잉거솔 각하, 우선 미국이 영국에 1,200만 달러어치의 면화를 수출하고 1,200만 달러어치의 면·모직물류 제품을 수입한다고 가정해 봅시다. 세이 씨는 이러한 무역이 양국에 모두 이익을 가져다줄 것이라고 말합니다. 미국이 면화를 키워서 수출하고 영국의 직물류를 수입하는 것이 더 좋다는 것입니다. 여기에는 면화를 심는 것이 면직물을 제조하는 것보다 더 유리하고 영국 면직물 가격이 미국 내에서 생산하는 미국 면직물 가격보다 싸다는 전제가 있습니다. 그는 오로지 상인의 시각으로 이 상품에 대한 저 상품의 이익관계를 볼 뿐이며, 개인경제의 원칙에 따라 판단하고 있을 뿐입니다. 그러나 미국 시민의 입장에서 볼 때 혹은 정치경제학자의 입장에서 볼 때 꼭 고려해야 할 점이 있습니다. 어떤 국가든 어느 정도는 독립적이고 강력해야 합니다. 국가의 산업도 독립적이어야 하고 생산력도 발달해야 합니다. 세이 씨가 말하는 방식의 무역을 따라하면 미국의 수요와 공급은 세계에서 가장 강력하고 산업이 잘 발달된 나라인 영국에 종속됩니다. 영국의 면·모직물 공급에 의존하는 한 미국의 방대한 산업력은 사라집니다.

미국의 무역상들은 수백만 달러의 이익을 얻고 미국의 면화생산자들은 최고급 직물로 몸을 감싸게 될 수 있겠지만 미국의 제조업 침체로 인해 우리 모두는 고통을 받게 될 것입니다. 어떤 통계를 보면 현재 대영제국의 인구는 1,700만 명이고 이들은 5천 500만 파운드 혹은 2억 3천 500만 달러의 직물류를 생산·소비하고 있다고 합니다.[25]

미국의 인구는 30년 후쯤이면 최소한 3,000만 명이 될 것이고 만일 우리가 현재 영국 수준의 생산력을 갖춘다고 가정했을 때에 인구 비례로 보아 4억 1천 500만 달러 정도의 직물류를 생산하게 되리라 생각합니다. 이 생산물은 오로지 우리 자신의 노동력으로 생산되고, 또 우리가 원하는 만큼의 면화와 양모를 생산하기 위해 땅을 소유하고 경작하게 될 것입니다. 그러나 이러한 상상을 해 봅시다. 미국이 영국 제조업을 기준으로 4분의 1 정도만 구현하고(1억 달러 정도라 봅니다만) 매년 이 정도의 비율로만 성장하면서 금액으로 따져 겨우 1천 200만 달러에 불과한 무역에 매달려 있다고 말입니다. 더욱이 인구와 자본의 성장, 정신과 더불어 발생하는 물질의 성장, 이 결과로 나타나게 될 국력의 성장이 이러한 생산력의 완결에 영향을 받을 것이라는 점을 상상해 봅시다. 이러한 상황을 놓고 볼 때 오로지 물질과 물질의 교환에만 관심을 갖는 스미스와 세이 씨의 이론체계가 얼마나 근본적인 오류를 가지고 있는지 충분히 이해할 수 있습니다.

세이 씨는 생산력의 완결은 오로지 여러분의 자본을 증대시키는 자유무역에 달려 있다고 했습니다. 정치적인 수단으로는 자본을 증대시킬 수 없고 그저 산업이 원하는 대로 놓아두는 게 좋은 정책방향이라고 말했습니다. 왜냐하면 면직물과 모직물을 만드는 것이 밀과 면화를 키우는 것보다 더 이익이라고 생각한다면 개인들은 당연히 후자보다 전자를 선택할 것이고 정치인의 도움 없이도 이 생산력은 완성되기 때문입니다.

이 주장은 개인경제와 만민경제학의 입장에서 부분적으로 옳을 수 있으나 정치경제학의 입장에서 볼 때는 완전히 잘못된 것입니다.

I. **첫째로,** 인구, 자본 그리고 생산기술은 본질적으로 정치권력 혹은 국익의 도움이나 개입 없이도 자기 자신을 전 세계로 확장하려는 본성을 가지고 있습니다. 과잉이 된 곳에서 희소한 곳으로 국경을 넘어 흘러가고 싶어합니다. 이 전제에 따른다면 영국 해군과 육군이 요새를 유지하는 데 투입되는 수억 파운드는 지구 위 다른 지역의 산업을 촉진하기 위해 사용되어야 합니다. 자본 과잉으로 영국 내에서는 겨우 2~3 퍼센트의 이자율밖에 누리지 못하고 있는 영국 자본도 해외로 나가야 합니다. 영국의 제조업 기술과 경험은 해외 산업을 육성하기 위해 사용되어야 하고 지금처럼 국내에서 소멸되면 안 됩니다. 이 전제를 따르면 영국의 정치권력과 국익에 의해 형성되었던 영국의 정신자본과 물질자본이 한 덩어리가 되어 영국이라는 섬을 전 세계 위에 올려놓게 되고 영국의 자연적 본성이 세계 모든 나라의 제조업을 억압하는 결과를 초래할 것입니다. 이 사악한 변화에 어떤 국가의 어떤 개인들도 자신만의 기술이나 산업만으로는 대적할 수 없습니다. 개인이 아무리 힘이 있다 해도 전 국가가 동원된 자본과 기술의 단합된 힘을 극복할 수 없습니다. 어떤 강력한 미국 상인이라 해도 미국 해군의 도움 없이 자신의 힘으로 영국 해군의 침략을 격퇴할 수 없습니다.

II. 한 국가의 생산력이 물질자본에 의해 제약을 받는다는 주장은 거짓입니다. 세이와 스미스는 오로지 물질과 물질의 교환, 물질을 획

국가가 갖추어야 할 세 종류의 생산력

득하는 방법에만 관심을 가졌고 이 물질에 이 물질로서는 가질 수 없는 전능성을 부여하였습니다. 생산력의 더 큰 부분은 지적이고 사회적인 조건들이 차지하고 있습니다. 저는 이것을 정신자본이라 부르고 있습니다. 어떤 나라에 10명의 방직공들이 각각 1,000 달러씩의 자본을 가지고 있다 가정해 봅시다. 그들은 각기 자신의 방직기를 돌려서 실을 뽑아냅니다. 기계는 열악한 수준이고 염색기술도 없으며 모든 것을 자기 스스로 해야 합니다. 그러므로 매년 기껏해야 1,000 달러어치의 상품만을 생산해 냅니다. 이제 열 명의 방직공들이 그들의 자본과 노동을 하나로 통합했다고 생각해 봅시다. 그들은 제사기를 발명해 내고 완벽한 방적기를 만들어 냅니다. 염색기술을 도입하고 분업을 통해 매달 10,000 달러어치의 직물을 생산합니다. 10,000 달러의 자본이 과거에는 10,000 달러어치의 옷감을 매년 생산했지만 개선된 사회적·지적 조건을 차용함으로써 혹은 정신자본을 도입함으로써 100,000 달러어치의 옷감을 생산하고 있습니다. 같은 물질자본을 가진 국가라 할지라도 사회적·지적 조건을 개선함으로써 생산력을 증대시킬 수 있습니다.

III. 문제는 어느 국가가 다음과 같은 일을 할 수 있느냐에 달려 있습니다.

1. 면화와 모직 제조업에 투입함으로써 생산력을 증대시킬 수 있는 그 국가의 자연적 수단 보유 여부.(자연자본)

2. 그 국가가 현재 지닌 산업, 학문, 기업정신, 인내심, 군대, 해군

력, 정부(정신자본)로 짧은 시간 안에 해당 국가의 제조업을 위해 필요한 기술력을 확보할 수 있느냐 그리고 획득한 기술을 정치권력으로부터 보호할 수 있느냐의 여부.

3. 마지막으로 식량, 기구, 원자재, 등(물질자본)의 존재 여부. 이 경우에 자연자본을 어떻게 공정하게 사용하고 정신자본을 어떻게 적절히 채용하는가가 중요합니다.

a) 미국에는 1억 마리의 양을 키울 수 있는 목장이 있고 전 세계에 공급할 면화를 키울 수 있는 토지가 있습니다. 이뿐 아니라 모든 다른 자원과 식료품들도 있습니다. 만일 스웨덴 정부가 면화나 양털과 같은 원료를 자국 내에서 충분히 육성한 기회가 없고 이 산업들을 해외로 수출하는 데 필요한 해군력도 없는 상황에서 이 산업들을 육성하려드는 게 정말 바보스러운 짓이라면, 미국이 이 산업들을 육성하지 않는 것도 동일한 바보짓이라고 해야 하지 않겠습니까?

b) 미국에는 현재 상당한 수준의 산업과 교육, 경쟁의욕, 기업가 정신, 인내심, 무제한적인 내국 시장 교류, 산업에 대한 모든 제약의 부재, 재산 보호, 생계와 안락을 위한 각종 상품의 공급 시장, 자유 등이 존재하는데, 이는 다른 나라에서라면 찾아보기 힘듭니다. 스페인 정부라면 백 년 동안 열 개의 제조업을 골라 육성시키려 다양한 수단을 쓴다고 해 보았자 그 산업들을 보호할 능력조차 없습니다. 그러나 미국은 백 개의 산업을 골라 육성해도 수년 안에 가능하고 또 이들을 보호할 능력도 있습니다.

c) 현재 미국에는 방대한 양의 잉여가 모든 영역에 존재하고 있습

니다. 이 잉여는 현 인구를 순식간에 배가시킬 수 있고, 그들에게 집과 가게와 방앗간들을 지어줄 수 있으며, 삶의 자료와 도구들을 공급해 줄 수도 있습니다. 제조업을 육성하는 데 이외에 무엇이 더 필요하겠 습니까? 그토록 방대한 수준의 수단들이 있는데 어떤 종류의 산업을 육성하기 어렵겠습니까? 조악한 면화제조업을 보십시오. 이 산업에 투입하는 자본의 이윤율이 다른 어떤 산업보다 더 나을 것입니다.

제조업자들은 집을 짓고 기계를 만듭니다. 이들은 목재, 철, 벽돌 과 같은 원자재를 원합니다. 그러한 경우에 농업 측에서 (만일 필요하 다 해도) 노동이나 목재, 또는 한 파운드의 철강이라도 손해 볼 일이 있겠습니까? 아닙니다. 현재 미국에서 이러한 물자들은 모두 과잉상 태입니다.

제조업자들은 순면을 원합니다만 현재 순면은 미국 내에서 과잉 상태가 아닙니다. 순면은 뉴오를리안즈에서 운반되어 조면으로 전환 되고 다시 뉴오를리안즈로 운송되어 원료구입비로 지불되는 데, 이는 이전에 리버풀로 운송되었다가 제조공정을 거쳐 다시 미국으로 팔려 왔을 때에 비하면 반 가격입니다. 또 제조업자들은 이 과정에서 공장 을 만들고 기계를 돌리는 노동자들을 위해 생필품을 소비합니다. 물 건을 생산하기 위해 매일 이렇게 합니다. 그러나 펜실바니아의 농업만 을 본다면 뉴잉글랜드로 600,000만 배럴의 밀가루를 파는 경우 이 과정에서 단 1부셸이라도 딴 곳으로 보낼(흘릴) 일이 있겠습니까?

이처럼 기업 활동을 통해 자본이 사용되고 있습니다만 이 돈은 농 업에서 나온 것이 아닙니다. 이것은 도리어 농업에 투자되는 돈이며 농업의 육성을 위해 사용되고 있습니다. 이 사례만 보아도 각하께서는 물질자본이 성장하긴 하나 완만하게 성장할 수밖에 없다고 주장하는 스미스와 세이의 이론이 얼마나 잘못되어 있는지 잘 아시리라 믿습니다.

과거에 산업이 여러 가지 점에서 제한을 받은 것은 사실입니다. 화학과 기계 등의 새로운 동력이 아직 존재하지 않았기 때문입니다. 유럽의 오래된 국가에서 모든 천연자원들이 거의 다 소진된 것도 사실입니다. 그러나 미국과 같은 신생국가에서는 사실이 아닙니다. 그곳에서는 **자연자본**의 10퍼센트 정도만이 사용 중이며, 새로운 발명들이 속속 발생하고 있을 뿐 아니라, 산업도 모든 제약을 뛰어넘고 있고, 새로운 사회답게 과거에 경험할 수 없었던 **정신자본**까지 형성되고 있습니다. 만일 인구가 전례 없는 속도로 증가하고 있고 **물질자본**이 그러한 인구증가조차 뛰어넘는 수준으로 증가하고 있다면 그 공동체는 그들에게 축복으로 주어진 천연자본을 잘 사용하고 발전시키기 위해 적절한 정신자본을 활용하는 것이 현명한 일입니다.

d) 낡은 이론의 추종자들은 국가가 미래의 생산력을 위해 현재에 나타나는 약간의 이익을(여기서의 이익이란 것도 물질과 물질의 교환을 기준으로 표현하는 것입니다만) 희생하는 것이 비경제적이라고 주장하고 있습니다. 저는 몇 가지 뚜렷한 사례로 이 주장을 반박하고자 합니다. 어떤 농부가 모직물 축융기를 구입해 자신의 생산성을 배가시키기로 결정했다고 봅시다. 그는 이미 자연자본 즉, 축융기를 돌리게 될 수력, 공장을 지을 목재, 원료가 되는 양모 등 축융기를 설치하

고 운영할 수 있는 기술과 경험을 제외한 모든 자원을 가지고 있습니다. 이 농부는 자신의 자녀나 가족 중 한 사람을 도시로 보내 축융기에 관한 기술을 습득하게 할 것입니다. 친애하는 잉거솔 각하, 이 경우에 이 농부는 일시적으로 그 아들의 노동력과 아들의 노동력으로 생산할 수 있는 모든 밀과 곡식류를 상실하게 됩니다. 한 걸음 더 나아가 그는 아들의 교육비를 지불하기 위해 상당한 돈을 지불해야 합니다. 이 때문에 그 농부는 물질자본 중 상당수를 희생해야 하고 그의 재정수지는 큰 어려움을 겪을 수 있습니다. 이로 인해 사물의 표면만을 보는 어떤 멍청이는 그 농부를 질타할 수 있습니다. 그러나 이 농부가 상실한 물질자본의 총액보다 열 배나 많은 수익을 그의 생산성 향상으로 거둘 수 있습니다. 친애하는 잉거솔 각하, 우리가 이 농부를 조나단 형제라고 불러 봅시다.[26] 아마도 이러한 시도가 발생하는 처음 몇 해의 개인적 지출에 대하여 어떤 사람들은 정치적 방법으로 이익을 볼 수 있을 겁니다. 그러나 이것은 국가의 생산력을 완성하기 위해 발생하는 불가피한 지출입니다. 이 초기 지출은 몇 년이 지나지 않아서 보다 완전해진 국가 생산력이 주는 혜택으로 수 십 배의 보상을 가져다주게 됩니다. 새로운 발견에 대한 특허 제공에도 동일한 관점을 적용할 수 있습니다. 발명자들에게 초기의 독점수익을 보장함으로써 발명행위를 장려하게 됩니다. 특허를 인정함으로써 공동체는 일시적으로 지출이 발생하지만 곧 특허로 인한 지출보다 훨씬 더 많은 수익이 그 공동체에 주어지게 됩니다. 이러한 특허가 주어지지 않는다면 많은 유용한 발명들이 발명가와 함께 사라질 것입니다.

얼마 전까지 그리했던 것과 같이 말입니다.

만일 사람들이 수입품에 대한 관세 부과가 국내제조업에 독점을 허용하게 된다는 스미스와 세이의 주장을 반복한다면, 이들은 미국 사회의 특수한 상황을 무시하고 있는 셈입니다. 과거에는 전 세계적으로 자본과 제조기술이 희귀했습니다. 이때에는 화학과 기계의 기술들이 비밀이었고 따라서 보호관세를 부과하면 자연히 독점 현상이 나타났습니다. 그러나 지금 미국에선 완전히 다른 상황이 나타나고 있습니다. 모든 사람들이 책이나 다른 수단을 통해 납이나 인산 같은 주요 화학제품을 제조하는 방법을 알고 있습니다. 미국의 방방곡곡에서는 자본과 기업정신이 넘쳐 나고 있어서 어떤 산업에 초과이윤이 발생한다는 것이 알려지는 순간 엄청난 경쟁으로 곧 이윤의 평준화가 이루어진다는 사실을 우리는 잘 알고 있습니다. 가장 뚜렷한 사례는 미국의 순면산업인데 지금 이들의 생산품은 영국 상품의 절반 가격으로 판매되고 있습니다.

e) 설사 자본과 기술이 충분하지 못한 국가라 할지라도 정치적 수단을 통해 해외에서 끌어들이면 됩니다. 제가 "I번" 항목에서 언급했지만 자본과 기술은 세계를 향해 확장하는 경향이 있습니다. 또 자본과 기술이 과잉인 지역에서 희귀한 지역으로 흘러가는 경향이 있습니다.(제가 알기로 스미스와 같은 이론가들은 이 경향을 모르고 있을 뿐 아니라 인정하려고도 하지 않았습니다.) 이러한 경향은 실제에 있어서 국가 정책과 같은 수단들로 봉쇄되는 상황이므로 국가 정책으로 대응하지 않으면 안 됩니다. 예컨대 해당 국가에서 해외 자본과 기

술에 약간의 프리미엄을 보장해 준다면 해외 자본과 기술은 그 국가로 흘러들어 올 것입니다. 미국은 다른 어느 나라보다 이 정책을 쉽게 행할 수 있습니다. 왜냐하면 다른 어느 국가보다 더 많은 자연자본과 (아직 완전한 소유가 되지는 못하고 있지만) 정신자본을 가지고 있기 때문입니다. 여기에서는 정말 방대한 천연자원이 아직 그 소유주를 가리지 못하고 있습니다. 여기에서 영국인들은 그들의 언어, 법률, 생활양식을 발견할 수 있으나 영국에서 겪는 엄청난 세금과 기타 악덕들을 찾아보기 힘듭니다. 미국으로 이주하는 어떤 사람이라 할지라도, 그의 출신 국가가 어디든지 간에, 자본을 소유하고 성실하고 유용한 지식을 가지고 있기만 하면 그의 생활조건을 향상시킬 수 있습니다. 제가 알기로 어떤 국가도 이처럼 해외 자본과 기술을 강력히 끌어들일 수 있는 기회와 수단을 가져본 적이 없습니다.[27]

미국은 보호관세를 부과함으로써 해외 자본과 기술을 끌어들일 수 있는 반면, 보호관세는 내부적으로 방대한 대륙으로 인구와 자본이 불필요하게 확장되는 것을 막아줍니다. 친애하는 잉거솔 각하, 저는 미연방의 국력과 국부가 구성된 주의 숫자로 나타난다고 주장하는 사람이 아닙니다. 로마의 군사력이 영토가 확장될수록 약화되었듯이 미연방의 국력과 문명이 연방의 확장 때문에 손상을 입지 않을까 우려하고 있습니다. 북미대륙에 1백 개의 주가 설치되고 여기에 5천만 명의 주민들이 흩어져 살고 있다할 때에 그들이 무엇을 할 수 있겠습니까? 땅을 개간하고, 밀을 키우고, 그리고 먹어치울 겁니다. 향후 몇백 년간 전 미국의 역사를 통해 제퍼슨이 했던 다음 세 마디가 꼭 기억되어야 할 것입니다. '반드시 농부의 옆에는 제조업자가 있게 하라.' 이것이야말로 인구와 자본이 과도하게 서부로 빨려 들어가는 것을 막아주는 유일한 방법입니다.

오하이오는 곧 펜실바니아만큼 인구가 많아집니다. 다음으로 인디아나, 다음으로 일리노이, 곧 미시시피를 건너고 로키산맥을 넘어서 마침내는 영국이 아니라 중국을 대면하게 될 것입니다. 펜실바니아와 모든 동부와 중부의 주들은 제조업 육성을 통하여 인구와 예술과 과학과 문명과 부를 증진시킬 수 있습니다. 친애하는 잉거솔 각하, 이것이 바로 진정한 **미국정치경제학**입니다.

귀하를 존경해 마지않는,
프리드리히 리스트 드림.

다섯 번째 편지

모든 국가는
고유한 정치경제를 가지고 있다

1827년 7월 19일 레딩에서

친애하는 잉거솔 각하에게,

민족경제에서 정책수단이 초래하는 결과는 마치 개인의 조건과 역량이 서로 다른 것처럼 서로 다른 국가들의 처지와 형편에 따라 다르게 나타납니다. 총론적으로 말하자면 다음과 같이 말씀드릴 수 있습니다. 각 국가들은 자신들의 생산력을 증진시키려 노력한 것만큼 각자가 그 정책의 혜택을 누리게 됩니다. 정책을 사용하지 않으면, 그러한 혜택도 없습니다. 모든 국가들은 자신들의 고유한 생산력 발전 경로를 가지고 있으므로 이를 따라야 합니다. 다르게 표현하자면 모든 국가는 각자의 고유한 **정치경제**를 가지고 있습니다.

첨언하자면, 어떤 조건이나 사건이 어떤 사람들의 개인경제에는 유익하나 공동체에는 해로울 수 있습니다. 혹은 그 반대로 개인경제에는 해로우나 공동체 전체에는 유익할 수 있습니다. **개인경제는 정치경제가 아닙니다.**

이와 마찬가지로, 어떤 정책 수단이나 원칙이 인류에 유익할 수 있습니다. 만일 모든 국가들이 이를 따라주기만 한다면 말입니다. 그렇지 못한 상황에서 이 원칙들은 특정한 국가들에게 해를 끼칠 수 있습니다. 이와 반대로 특정한 국가들에 유리한 원칙들이 인류 전체에는 해로울 수 있습니다. 정치경제는 만민경제가 아닙니다.

I. 모든 나라들은 각자의 고유한 경제를 가지고 있습니다.

인구의 증가가 민족경제의 목적을 증진시킬 수 있는가? 미국의 경우에는 그러합니다. 중국이나 인도의 경우에는 그렇지 못합니다. 미국의 경우에 식량이 희소하고 노동이 과잉인 나라에서의 이민은 축복받을 만한 일입니다. 반대로 미국 시민들이 캐나다로 이민 가는 것은 슬퍼할 만한 일입니다. 흑인 노예들을 원거주지로 돌려보내는 것은 비록 우리 인구가 줄어들더라도 바람직한 일입니다. 이러한 경우는 국력이 쇠약해졌다고 보기보다 취약한 부분이 사라졌다고 보는 게 좋습니다.[28]

노동이 민족경제의 목적을 증진시킬 수 있는가? 적절히 분업하고 있는 나라에서는 그렇습니다. 적절한 분업이 없는 나라에서는 부분적으로 문제가 됩니다. 대개 농업 국가들은 그들의 잉여를 방출할 통로를 소유하지 못하고 있으며 이 잉여를 여타 생필품으로 전환할 수 있는 능력을 갖추지 못하고 있습니다. 따라서 지속적으로 잉여를 창출하기보다 인구의 증가만을 초래하고 있습니다. 이 결과 사람들은 노동으로 더 이상 생산물을 산출하지 않고, 그들의 시간을 게으름 피우는 데 소비하는 경우가 발생합니다. 예컨대 농산물의 해외무역을 제한하는 것은 이 소중한 잉여노동을 강제로 파괴하는 것이 됩니다. 그보다는 이 잉여노동을 삶에 필요한 다른 생산적 노동으로 전환하는 정책을 사용한다면, 그리고 여기에서 생산된 물품을 소비하고 교환하게 만든다면 그 국가는 훨씬 더 활력을 가지게 됩니다.

이 원칙이 모든 농업 국가에 동일하게 적용되는가? 당연히 아닙니다. 새로이 개척 중인 나라들에 있어서만 노동과 생산의 과잉이 상당 기간 동안 토지를 개간하고 발전시키며 집과 헛간들을 세우고 가축 떼를 키우는 데 유리합니다. 우리의 경우를 보면 서부 각 주는 농업으로 급속히 성장하는 데 반하여 동부 각 주는 정체 상태에 있습니다. 그들의 자연자본을 어느 수준으로 성장시킨 다음에는 성장 속도가 정체됩니다. 그들이 잉여생산물로 더 성장할수록 동부 각 주의 농업은 더욱 정체됩니다. 만일 이들이 제조업을 육성하지 않은 경우에 말입니다.

무역제한이 모든 국가의 경우에 동일하게 효과적이고 추천할 만한가? 아닙니다. 멕시코와 중남미 각 국가들의 경우 그들의 천연자원과 해외 공산품의 교환에 제한을 가하는 것은 현명하지 못합니다. 그들의 국민은 아직도 교육받지 못하고, 게으르고, 근면하지 못합니다. 이 나라들은 먼저 국민들로 하여금 노동하는 습관을 즐기게 만들고 지적·사회적 조건을 개선하는 노력을 기울여야 합니다. 러시아 황제가 독일 황제처럼 도시들에 대해 자율권을 허락하지 않으면 결코 러시아의 제조업 성장은 성공할 수 없습니다. 독일 황제들이 도시에 자율권을 허락됨으로써 짧은 기간 안에 창조성이 증가하고 야만적 상태에서 놀랄 만한 수준의 문명 상태로 전환이 이루어졌습니다. 스페인은 먼저 그들의 미신과 절대왕정과 수도원을 폐기해야 합니다. 어느 수준의 자유와 안전과 교육 등이 주어져야 제조업이 성장합니다. 마치 지금 미국에서 주어지는 것과 같이.

미국에 있어서 모든 종류의 제조업에 동일한 보호를 부여하는 것이 합리적인가? 결코 아닙니다. 모든 성장에는 단계가 있습니다. 미국과 같은 신생국들은 노동력을 흡수하고 방대한 농업 생산물과 천연자원을 소비하는 제조업을 먼저 육성하는 것이 필요합니다. 이러한 분야는 기계와 방대한 국내 소비로 지탱할 수 있습니다. (화학제품과 모직, 면직, 기초기계, 철강, 도자기류와 같은 제조업) 단가는 낮고 부피가 커서 밀수하기도 어렵습니다. 정교한 상품들을 보호하려면 도리어 국가의 생산력을 해치기 쉽습니다. 우리가 직접 만드는 것보다 수입하는 것이 더 싸게 먹히는 사치품들은 수입을 허용하여 모든 노동 계층에서 자유로이 사용하게 하는 게 좋으며 궁극적으로 국가의 생산력을 자극하는 결과를 초래하게 됩니다. 이러한 상품의 소비는 점차 중요해지고 서두르지 않더라도 조금씩 국내생산으로 전환되는 때가 오게 됩니다.

운하와 철도는 생산력 증대에 유용한가? 일정한 조건하에서 그러합니다. 사람과 상품을 보다 가까이 결합시키기 때문에 운하와 철도는 상품과 노동을 증진시킵니다. 노동이 적절히 분화되었을 때에 말입니다. 그렇지 못한 상황이면 운하와 철도는 국내의 어떤 지역을 위해 다른 지역에 손해를 미치는 결과를 초래합니다. 예컨대 농산물 잉여에 경쟁을 초래하는 것 등입니다. 제가 확실히 말씀드리는 바는 이것입니다. 동부 펜실바니아는 오로지 제조업을 육성해야 유익을 얻을 수 있다는 사실입니다. 운송망 확대에 발맞추어 펜실바니아의 제조업 잉여를 서부의 곡물과 교환할 수 있기 때문입니다.

새로운 기계의 발명은 생산력 증대에 유용한가? 인구가 밀집되어 있고 상업 발전이 더디며 산업이 희박하고 잉여노동이 있는 국가에서라면 새로운 기계 발명은 재앙이 될 수 있습니다. 그러나 미국과 같은 나라에서 새로운 기계의 발명은 어떤 경우이든지 축복이 됩니다. 빠른 시간 안에 미국 안에서는 철과 청동이 노예를 대신하고 석탄이 채찍을 대신하는 발달이 이루어지기를 기원합니다.

소비는 어떤 영향을 미치는가? 세이의 주장에 따르면 소비는 재생산적이므로 국부를 창출한다고 합니다. 그러나 핵심은 생산력을 증대시킬 수 있는 소비의 존재입니다. 예컨대 수억 명의 인구가 게으름에 빠져 소비만 한다면 국부 창출의 결과가 나올 수 없습니다. 반대로 근면한 사람들의 국가에서는 이것이 가능합니다. 건강하고 정직한 소비라면 생산력에 대한 자극이 되지 않을 수 없습니다. 물론 이 경우에 노동은 각 산업별로 적절히 분화되어 있어야 합니다.(위스키 제조업은 제외됩니다. 이 산업은 건강보다 허약을 재생산합니다.) 소비와 기쁨은 함께 갑니다. 기쁨을 위한 욕구는(거듭 말씀드리지만 이것이 설사 자손의 기쁨을 위한 것일지라도) 노동과 생산을 낳고, 생산은 소비를 촉진시킵니다. 소비는 생산을 낳고, 생산은 소비를 낳습니다.

절약은 생산력 증대에 유용한가? 출생의 권리로 방대한 토지를 장악하는 귀족이 들끓는 낡은 국가들에서라면 이들의 절약은 공공의 축복이 될 수 없습니다. 귀족의 절약은 하층계급의 희생을 초래하여 소유의 불평등을 증대시킬 것이기 때문입니다. 그러나 신개척지에서 농부의 절약은 토지 개간과 가축 증식과 생산력 증대를 초래합니다. 토지는 이러한 절약 없이 개선되지 않습니다. 이미 개척이 완료된 사회에서 지나친 절약은 도리어 생산력을 감소시킵니다. 만일 농민들이 모자도 안 쓰고 신발도 신지 않는다면 모자공업과 신발공업이 발전할 수 없습니다.

법률가는 생산력 증대에 유용한가? 보다 포괄적으로 의사, 목사, 판사, 국회의원, 행정관료, 문인, 언론인, 교사, 음악가, 운동선수 등이 국가의 생산력 증대에 유용한가라는 질문이 되겠습니다. 스페인에서라면 답은 '아니다' 입니다. 여기에서는 입법자들과 판사들과 변호사들이 국민들을 억압하고 있습니다. 성직자들은 방대한 토지의 과실을 낭비하고 있으며 사악한 게으름을 조장하고 있습니다. 교사들은 억압받는 인민들을 더욱 억압적으로 만들고 있습니다. 음악가와 운동선수들은 게으른 계층의 게으름을 정당화하는 데 봉사하고 있습니다. 거기에서는 과학조차 악덕을 수행하고 있는데 과학자들은 인민의 삶을 개선하기보다 악화시키는 데 기여하고 있습니다. 미국에서라면 이 모든 상황이 달라집니다. 이 모든 직종의 종사자들이 생산력을 증대하는 데 기여하고 있습니다. 변호사와 국회의원과 행정 관료와 판사는 공공의 복지를 증대시키는 일에 힘쓰고 있습니다. 목사와 교사, 저술가와 인쇄업자는 인민의 정신과 도덕을 향상시키는 데 힘쓰고 있습니다. 인민의 쾌락을 위해 노동을 파는 연예인들조차도 인민들에게 즐거움과 휴식을 공급하는 유용한 역할을 합니다. 인민들은 새로운 노동에 착수하기 전에 휴식과 즐거움으로 새로운 힘을 얻어야 하기 때문입니다.

자본 수입은 생산력 증대에 유용한가? 스페인에서라면 답은 '아니다'입니다. 자본을 획득하고 소비하는 방식, 인민과 정부의 상태가 자본 수입의 결과를 다르게 합니다. 어떤 국가에서는 대단히 바람직한 것이 다른 국가에서는 매우 해롭습니다. 미국에서라면 생산물의 수출과 교환하는 자본 수입이기 때문에 국력의 신장에 크게 이바지할 수 있습니다. 멕시코와 같이 귀중한 자연자본이 풍부한 국가에서는 자연자본의 수출이 생산력 증대에 도움이 됩니다. 자연자본의 비중이 제조업에 비해 지나치게 작을 때에 자연자본의 수출에 집중하는 것이 국가에 유용합니다.

충분히 개진하지도 못했고 오로지 꼭 필요한 부분만 개략적으로 말씀드렸지만, 이제 다음과 같은 사항을 염두에 두자고 말씀 드리겠습니다. 모든 국가들은 각자의 생산력 증대를 위해 각자의 고유한 경로를 따라야 한다는 것입니다.

귀하를 존경해 마지않는,
프리드리히 리스트 드림.

여섯 번째 편지

개인경제는 정치경제가 아니다

1827년 7월 20일 레딩에서

II. 개인경제는 정치경제가 아니다.

개인들은 각자의 사적인 그리고 가족적인 목적을 위해 일하고 있습니다. 개인이 다른 사람이나 후세를 고려하기란 쉽지 않습니다. 개인의 수단이나 시야는 제한적이고 그의 사적 관심사를 벗어나기도 쉽지 않습니다. 개인의 사업은 그가 살고 있는 사회의 조건에 제약을 받고 있습니다. 국가는 국가 구성원 다수의 필요를 충족하기 위해 일합니다. 개인들이라면 개인적 힘의 한계 때문에 이러한 다수의 필요를 충족하기 어렵습니다. 국가는 현재뿐만 아니라 미래를 위해서도 준비해야 합니다. 평화뿐만 아니라 전쟁을 위해서도 준비해야 합니다. 국가의 시야는 단순히 자신의 국토에 한정하지 않고 전 세계로 확장되어야 합니다.

개인이 자신의 이익을 추구하다 보면 공공의 이익에 손해를 끼칠 수 있습니다. 국가는 보편적 복지를 추구하기 때문에 구성원 개개인의 이해관계에 개입하게 됩니다. 보편적 복지를 달성하려면 개인의 활동을 제한하거나 통제할 수 있습니다. 하지만 개인은 그들의 힘을 사회적 힘으로부터 공급받게 됩니다. 공동체의 통제가 없는 개인들은 야만적 상태에 놓이게 됩니다. 아마도 모든 개인이 자유로운 상태에 놓인 사회를 들라면 인디언 사회를 들 수 있습니다. 사실상 진리는 그 극단들의 중도에 있습니다. 사회 권력으로 모든 것은 통제하거나 모든 것을 방임하는 것은 나쁜 정책입니다. 사물들이 스스로 통제하거나 사적 동기에 의해 촉진되는 것이 좋습니다. 그러나 사회 권력의 개입에 의해서만 촉진되는 것들에 자유방임을 부여하는 것도 나쁜 정책입니다.

한 번 우리 주위를 둘러봅시다. 모든 곳에서 개인의 노동과 행동은 공동체의 복지라는 원칙을 위해 제한되고, 통제되며, 혹은 촉진됩니다. 자유방임(*laissez faire et laissez passer*)이란 진부한 어귀는 어떤 상인에 의해 발명되었는데 이는 진실로 이들 상인들 사이에서나 가능한 일입니다.[29]

이 자유방임의 원칙은 개인의 이익과 국가의 이익이 충돌하지 않을 때만 가능한 진실입니다. 그러나 현실에서는 그럴 리가 없습니다. 아주 부유한 사람들이 많은 국가도 가난할 수 있습니다. 소유의 분배가 불평등하기 때문입니다. 노예제는 어떤 국가에서든지 공공의 재앙입니다. 그럼에도 불구하고 어떤 사람들은 노예무역이나 노예생산을 통해 잘 살고 있습니다. 뿐만 아니라 자유로운 제도의 부재는 어느 국가에서든지 생산력의 총체적 발전에 크게 해롭지만 어떤 계층은 바로 이 나쁜 제도에 의지하여 살고 있습니다. 국가는 제조업의 부재로 고통받고 있지만 어떤 사람들은 제조상품 수입으로 번창하고 있습니다. 운하와 철도는 국가 발전에 크게 기여합니다만 마차몰이꾼들은 이러한 발전에 대해 불평하고 있습니다. 모든 새로운 발명은 소수의 사람들에게 적지 않은 불편을 가져다주지만 공동체 모두를 위해서는 큰 축복이라고 할 수 있습니다.

증기선을 발명한 풀턴은 그의 실험을 위해 전 재산을 날렸지만 국가는 그의 노력에 의해 큰 혜택을 보았습니다.[30] 어떤 개인이 극단적 절약으로 큰 부자가 될 수 있겠지만 만일 모든 국민들이 그의 선례를 따른다면 소비가 줄어들어서 결국 산업이 파탄 나게 될 것입니다. 남부의 농장주들이 영국에 더 싼 가격으로 면화를 공급하기 위해 더 많은 면화를 심을수록 영국으로 가는 면화는 줄어들 것이고 면화산업으로부터 발생하는 국가수입도 줄어들 것입니다. 개인들은 위험한 은행 거래를 통해 부자가 될 수 있겠지만 국민들은 이로 인해 큰 손해를 입을 수 있습니다.

만일 국력의 개입이 없다면, 안보 혹은 발행된 화폐에 대한 신뢰, 항구의 보안, 해군을 통한 해상수송의 안전, 영사와 대사들을 통해 이루어지는 해외 항만이나 국가들의 자국 국민 보호, 토지소유권, 특허권, 저작권, 운하, 철도, 도로 등도 없습니다. 전적으로 그들 자신의 힘에만 의존하는 산업은 쉽게 넘어갑니다. 모든 것에 자유방임을 실천하는 국가는 자살하려는 거나 마찬가지입니다.

낡은 이론들에 집착하는 분들도 이 결론을 잘 알고 있습니다. 참 놀라운 일이지만 이들은 그러한 결론에 도달하지 않기 위하여 결사적으로 자신들의 전제를 거부하고 있습니다. 쿠퍼 씨 자신도(제가 정의내린 바) 국가의 진정한 성격을 잘 이해하고 있는 것으로 보이며(제가 앞서 쭉 설명해드린 바) 인간의 분업이 국가에 어떤 결과를 가져오는지를 잘 알 뿐 아니라 마치 그가 의존하고 있는 낡은 이론 전체를 포기하는 듯, 또는 이러한 성격을 완전히 거부하는 듯한 어조로 그는 그의 『정치경제학』에서 다음과 같이 말하고 있습니다. "따라서 이 도덕적 실체(**문법적 존재**로서 국가라 부르는 이 실체)는 일정한 외피에 둘러싸여 있는데 이는 어떤 현실적 존재가 아니라 오로지 단어를 존재로 변태시키려는 혹은 **단순히 문법적 음모**를 현존하게 하고 지적인 존재로 변화시키려는 자들의 상상 속에서만 존재한다. 이것은 마치 우리가 대수학에서 보다 복잡한 숫자들을 표현하기 위해 만들어 낸 상징이나 글자와 다름없다."(쿠퍼의 책 19쪽을 보시오.)

쿠퍼 총장께서 저보다 훨씬 뛰어난 재능과 학식을 지니셨다고 인정하면 할수록 저는 그분이 왜 그토록 허황된 기초 위에서 정치경제학을 수립하시려고 하는지 놀라울 뿐입니다. 그럼에도 불구하고 이분은 모든 국민들의 이해관계를 이러한 방향으로 인도하시고, 젊은이들의 정치적 삶을 이러한 방향으로 교육시키려 하고 있습니다. 이 이론체제는 미국을 파괴로 인도하고 스스로를 파멸시킬 것입니다. 쿠퍼 씨가 빠져 있는 낡은 이론의 총체적 오류는 그가 낡은 이론을 보호하기 위한 열정적으로 사용하고 있는 몇 가지 어귀들만 보아도 쉽게 알 수 있습니다. 쿠퍼 씨가 사용하는 **문법적 존재**는 도덕적 존재와 혼동되고 있습니다. 그 스스로 시민의 존재를 도덕적 인간(인준된 사회,

인간의 다양성, 보편적 권리와 의무, 보편적 이익과 제도들)이라 부르고 있습니다. 문법적 존재란 단순히 이름일 뿐입니다. 서로 다른 사물이나 인간들을 구분하여 지칭하는 것이고, 오로지 용어의 사용 안에서 어떤 일치성을 추구하고 있으며,(쿠퍼 씨가 언급한대로) 서술의 한계를 피하려는 목적을 가지고 있습니다. 예컨대 법조계, 자작농, 군중과 같은 이름들이 그러한 문법적 존재라고 말할 수 있습니다. 그 이름이 내포하는 사람들이 어떠한 사회적 권리나 의무를 가질 필요는 없습니다. 단지 문법적인 존재일 뿐이라면 그들은 법적 소송의 원고나 피고도 될 수 없습니다.

그러나 미국은 법적 소송의 원고나 피고가 될 수 있습니다. 아마 쿠퍼 씨도 여러 법령을 통해서 이 정도는 잘 알고 계시리라 생각합니다. 미국은 대통령을 비롯한 국민의 대표들을 선출하고, 해군과 토지와 부채를 소유하고 있으며, 전쟁을 일으키고 평화협정을 맺고, 자국의 이익과 타국의 이익을 구분하고, 그 구성원들에 대해 권리와 의무를 가지는 존재이지 단순한 문법적 음모로 존재하는 것이 아닙니다. 단순한 문법적 존재만도 아닙니다. 이는 합리적 존재 혹은 현실적 실재로서의 모든 특징을 다 가지고 있습니다. 미국은 육체와 재산을 소유하고 있습니다. 이 존재는 지능을 가지고 있으며, 구성원들에게 법 준수를 명령할 수 있고, 적과 대화합니다. 물론 이 대화의 경우는 사람 입에서 나오는 말이 아니라, 대포구멍으로 하게 됩니다.

거짓된 기초 때문에 쿠퍼 씨의 모든 이론체계는 산산조각이 났습니다. 그의 교묘한 고찰과 사례들은 허사가 되었고 그의 잘 짜인 추정들도 허사로 돌아갔습니다. 일반 상식이 거짓된 기초에서 출발하는 그의 논리를 거부하기 때문입니다. 이것은 우리에게 큰 교훈이 됩니다. 그토록 탁월한 재능을 가진 사람이 어떻게 그런 원리에 입각한 정치경제학을 수립하게 되었는지... 그 자신이 변호사로서 철학자로서 그리고 박학다식한 정치가로서 마땅히 저주해야 할 바로 그 원리를 말입니다. 스스로 말한 바와 같이 만일 미국이 단순히 문법적 존재이고 이름에 불과할 뿐이며 인간의 음모에 의해 존재로 전환된 것일 뿐이라면 사우스 캐롤라이나 주의 검찰총장으로서 쿠퍼 씨는 피고들이 그의 기소에 대항하는 경우 더 이상 법정에서 재판을 진행해야 할 이유가 없을 것입니다.

귀하를 존경해 마지않는,
프리드리히 리스트 드림.

정치경제학은 만민경제학이 아니다

1827년 7월 22일 레딩에서

이 편지에서는 저의 다섯 번째 편지에서 말씀드렸던
세 번째 명제를 개진해 보겠습니다.

III. 정치경제학은 만민경제학이 아니다.

하나님의 섭리 안에는 인간들 사이의 영원한 경쟁을 통해 삶의 조건
을 향상시키고 각자의 권력이나 재능을 증진시키려는 뜻이 있는 것
같습니다. 이 경쟁은 도덕적이기도 하고 물리적이기도 한데 의견과 의
견 사이, 이익과 이익 사이, 그리고 국가와 국가 사이에서 발생합니다.
인류 역사는 이러한 견해가 옳음을 확인시켜 줍니다. 이탈리아와 독
일의 도시들은 비록 제국 내에서 안보의 부재로 나타났지만 그 시대
의 약탈자들에 대항하는 노력을 통해 국력과 국부를 축적했습니다.
또한 이 과정에서 그들은 개별 도시의 힘을 통합시키게 되었습니다.
스페인의 필립 2세가 파견한 사형집행인들로 인해 네덜란드가 나타났
고 스페인에 대항하는 신대륙의 공화국들은 이 과정에서 이전이라면
전혀 상상할 수 없었던 국부와 국력을 축적하게 되었습니다.

이러한 측면에서 볼 때, 개인들에게는 파멸적 영향을 가진 사건일지라도 혹은 현 세대에는 파멸적 결과를 초래한 사건일지라도 후대에는 행복의 원인이 되기도 합니다. 인류를 약화시킨 것으로 보였던 사건일지라도 알고 보면 인류의 역량을 고조시킨 것이기도 합니다. 영국과 프랑스의 역사를 보십시오. 역사의 모든 페이지가 이러한 진실을 확인하고 있습니다. 잉거솔 각하, 미국 자신의 역사를 보아도 이 사실이 어느 경우보다 더 잘 증명되고 있습니다. 만일 영국이 미국을 피차의 협약에 따라 순조롭게 독립시켜 주었다면 미국이 이처럼 국력과 국부에 있어서 놀라운 성장을 가져올 수 있었겠습니까? 혁명전쟁의 열기가 없이 이것이 가능했겠습니까? 혁명전쟁이 없이 지금과 같은 해군이 만들어졌겠습니까? 지금과 같은 산업의 기초가 형성되었겠습니까?

철학자들께서는 세계 모든 사람들이 한 보편적 법률하에서 한 가족이 되는 그런 국가를, 그리하여 인류의 행복이 최고조에 이르는 상태를 꿈꾸실 것입니다. 그럼에도 불구하고 국가와 국가 간의 경쟁이, 가끔씩 문명에 파괴와 악덕을 가져다주지만, 인류 진보의 원인이라는 것 또한 진리입니다. 인민들이 독재와 압제에 대항하여 자유와 독립을 위해 투쟁하는 것은 더 말할 나위 없이 확실한 인류 진보의 원인입니다. 이러한 일이 자주 일어나므로 인간들은 자신의 재능을 극대화하려 노력하며 결과적으로 인류 전체가 더 큰 완성을 위해 한 걸음 나아갑니다.

국가 간의 산업 경쟁도 이와 마찬가지입니다. 우리가 자유무역으로 인해 상호 유익을 얻게 되기를 꿈꾸지만 보편적 법률하에서 이루어지는 자유무역이 과연 현존하는 국가 간 경쟁무역의 경우보다 생산력의 발전을 가져올 것이냐는 의문입니다.

설사 자유무역으로 그러한 발전이 가능하다 해도 현재의 상태는 그렇지 않다는 점에 유의해야 합니다. 인류가 독립국가들로 분할되어 있는 한 정치경제학은 만민경제학보다 훨씬 다원화될 것입니다. 마치 개인경제학이 정치경제학과 일치할 수 없듯이 말입니다. 현재의 상황에서도 어떤 국가는 현명하지 못하게 자신의 국력과 복지와 독립을 희생해서라도 인류 전체의 복지를 위해 헌신할 수 있습니다. 그러나 현실에서는 자기보존의 법칙이 최우선입니다. 이를 정책의 최고 원칙으로 삼고 각자의 국력과 국부를 증진시키려 노력하게 됩니다. 어느 국가가 타국과 비교하여 상대적으로 자유와 문명과 산업을 발전시킬수록, 또한 자국의 독립에 대한 염려가 강할수록, 자국의 국력을 증진시키기 위해 모든 정치권력을 다 동원하려는 강력한 유인이 발생할 것입니다. 이와 반대의 경우도 마찬가지입니다.

쿠퍼 씨의 생각은 이러하지 않습니다. 국가의 특징을 완전히 부정하고 있기 때문에 대단히 논리적으로 다음과 같이 말하게 됩니다.

> "어떠한 상업과 산입도 전쟁보다는 덜 비싸다. 니는 이렇게 생각하고 싶은데, 만일 어떤 상인이 자국을 떠나 해외에서 무역을 한다면 그는 오로지 자신의 힘으로 이를 수행해야 한다. 해당 국가의 평화를 위협하거나 해당 국가의 평화로운 소비자를 희생하여 국가 간 분란을 일으켜서는 안 된다. 그의 직업은 이것이 실제로 보호하려는 것보다 더

가치 있는 것이 아니다."(쿠퍼의 책 120쪽을 보시오.)

우리의 위대한 해운업자들이 이 쿠퍼 씨의 글을 따라하신다면 아마도 만민경제학이 제공하는 국가적 자살의 운명에서 빠져나올 수 없을 것입니다. 쿠퍼 씨가 하자는 대로 하면 1805년의 사태에서 미국 상선의 운명을 튀니지아의 군주나 알제리아의 태수 손에 맡겼어야 하며 미국 제조업의 운명도 영국의 호의에 맡겼어야 합니다.[31] 이 둘 다 국력에 의한 보호를 받을 가치가 없기 때문입니다. 쿠퍼 씨는 민족적 상업이라든가 국가의 제조업 능력 같은 것을 인정하지 않고 있습니다. 그의 눈에는 오로지 개인과 개인의 이익만 있을 뿐입니다. 만일 미국이 그러한 정책을 사용한다면 어떤 결과가 나타나겠습니까? 무사히 공해로 들어선 상선이 있다 해도 이는 모든 미국 상인들의 재산이 약탈의 대상이라는 첫 신호에 지나지 않습니다. 미국의 상선보유량은 곧 제로가 될 것입니다. 우리는 외국 상선으로만 해외무역을 진행해야 하고, 외국의 법률과 이해관계에 따라야 하고, 영국해군의 자비에 의존해야 하며, 멀지 않아 우리의 독립조차 상실하게 될 것입니다. 어느 정도 자주적인 정부라면 그러한 국가적 자살의 체제를 거부하고 자주라는 말에 상응하는 행동을 해야 할 것입니다.

국가의 상업을 외적 공격으로부터 보호하는 게 옳다면, 제조업과 농업도 이와 같이 국가가 보호하고 육성하는 것이 옳습니다. 이로 인해 국가적 비용이 지출되고, 전쟁의 위험이 있고, 개인의 희생이 수반되더라고 그렇게 해야 합니다. 물론 국가가 개입한다고 해서 산업의 완성이 이루어진다거나, 국가의 개입이 없다고 해서 산업의 완성이 이루어질 수 없다는 게 아닙니다. 이 점은 증명할 수 있고 또 제가 증명할 예정입니다. 만민경제학의 선생이나 제자들이 이러한 필요성을 느끼지 못하고 있다면 새삼스레 이러한 필요성 자체를 따질 필요도 없겠습니다만, 하나 확실한 것은 그들이 정치경제학의 진정한 본질을 이해하지 못하고 있다는 사실입니다.

해운업 역량과 마찬가지로(이 경우에 저는 단순히 해군력만 의미하는 것이 아니고 그 국가의 전체 해운 역량을 말하고 있습니다.) 제조업 역량도 오랜 노력에 의해서만 획득하게 됩니다. 이것이 오랜 시간을 요하는 이유는 노동자들이 다양한 작업환경에서 높은 경험을 쌓아야 되기 때문이며, 이러한 노동자들을 가지고 있는 기업들이 꽤 많이 존재해야 한다는 점 때문입니다. 기업이 요구하는 지식과 경험과 기술이 특화될수록 개인들이 자발적 의지로 노동에 헌신하는 경우가 줄어들게 됩니다. 이 경우에 개개의 노동자들은 자신의 직업이 전 생애를 유지시켜 줄 것이라는 보장을 받을 수가 없게 됩니다.

새로운 사업이란 경험과 기술의 부족으로 상당 기간 동안 적자를 면치 못합니다. 제조업 발달은 다른 도구나 기계 분야의 발달과 연관되어 있을 뿐 아니라 주택이나 노동 시장의 발달과도 연관되어 있습니다. 이 모든 상황이 새로운 사업의 시도를 지극히 어렵게 만듭니다. 새로운 시도를 하는 기업인은 기술과 경험이 있는 노동력의 부족과 싸워야 합니다. 초기 비용이 엄청나게 되는데 이미 기술자를 보유하고 있는 오래된 제조업 국가들에 비하면 기술도 없는 노동력에 비싼 임금을 지불하는 상황에 처해지게 됩니다. 모든 비용은 두 배로 들고,

간단한 실수 하나도 비싼 비용을 지불해야 하며, 잘못하는 경우 전체의 시도가 파멸하게 됩니다. 더욱이 처음 시도하는 사람들은 대부분의 경우에 원자재를 싸게 사는 방법과 수단에 대해 충분한 지식이 없습니다. 이러한 제조과정의 어려움과 싸울 뿐 아니라 고객을 확보하고 심지어 국내 소비자들의 편견과도 싸워야 합니다. 대체로 사람들은 낡은 방식에서 벗어나기를 좋아하지 않고 외제를 선호하는 성향이 있습니다.

가끔 이들이 옳을 때도 있습니다. 새로운 시설들일지라도 드물게 첫 해나 그 다음 해에 완성된 제품을 내놓을 때가 있습니다만 그들 제품은 높은 가격에 팔아야 수지가 맞습니다. 개인적 기호를 따르는 소비자들이 덜 성숙된 제품을 높은 가격에 사줌으로써 제조업을 지원하기를 기대하기란 어렵습니다. 그 상품을 구입함으로써 제조업을 지원하려는 생각을 가졌다할지라도 소비자들은 제조업자들이 상품의 질을 향상시키기를 원하며 곧 외국상품보다 좀 더 싼 가격으로 구매하게 되기를 기대합니다.

이 모든 상황이야말로 왜 그토록 많은 신생기업들이 그대로 놔두는 경우에 쉽게 무너지는지를 잘 설명해 주고 있습니다. 실패가 우리를 힘들게 합니다. 왜냐하면 많은 자원이 해외기계를 구매하고 해외기술자를 고용하기 위해 사라지기 때문입니다. 또 그러한 실패 하나가 새로운 시도를 하려는 다른 사람들의 용기를 꺾게 됩니다. 대부분의 벤처자본들이 그들에게 필요한 자본을 확보하기가 어려워집니다.

오래된 제조업 국가에서 우리는 정반대의 상황을 봅니다. 거의 모든 분야에서 충분한 기술자를 확보할 수 있습니다. 조금 줄여서 말한다면 최소한으로 확보할 수가 있습니다. 건물, 기계, 경영 등이 최고의 상태입니다. 기술자에 대한 임금도 대부분 이미 확보된 수익으로 지불될 수 있습니다. 이미 확보된 경험과 기술을 기반으로 제조업자들은 매일 적은 비용으로 건물과 시설들을 개선할 수 있습니다. 비용을 줄이고 생산은 완벽하게 만듭니다. 제조업자 자신이 기술과 기업력과 자본의 소유자일 경우 벤처기업가들과 달리 생산 활동 중에 생산 요소가 부족해지는 어려움은 겪지 않습니다. 벤처 기업의 경우에 기업가와 기술자와 자본가가 서로 다르기 때문에 어느 한 요소만 부족해져도 전체 생산 활동이 멈춰서야 하는 어려움을 겪습니다. 기존 제조업자의 신용과 신뢰가 확보되어 있기 때문에 기업가가 자본가로부터 새로운 지원을 받기도 좋습니다. 벤처 기업가라면 이것이 어렵습니다. 그의 제조업이나 시장의 신용이 확보되었다 해도 여전히 최종상품 가격은 상당히 저렴해야 하며 그에 대한 소비자의 신용도 취약한 상황입니다.

이처럼 기존 제조업 국가들과 신흥 제조업 추진 국가 사이에는 자연적 차이가 존재합니다. 오래된 국가일지라도 자유와 활력과 권력과 의지를 유지한다면 자유무역의 상황하에서도 융성한 제조업을 유지할 수 있습니다. 예컨대 네덜란드는 영국에 대해 자신의 우월한 제조업 능력을 유지할 수 있었을지도 모릅니다. 만일 영국의 에드워드 국왕이나 엘리자베드 여왕, 그리고 뒤따른 영국 정부의 강력한 보호정책과 프랑스와 스페인의 어리석은 행위들이 없었다면 말입니다. 사정이 이렇다면 제조업을 일으키려는 신흥국가는 이 오래된 제국의 제조업 능력과 더욱 경쟁하기 힘들 것입니다. 낡은 제국이 관세로 자신의 국내시장을 보호할수록, 신흥국가가 관세환급을 실시할수록, 그리고 신흥국이 해외제품에 관세를 철회할수록 더 경쟁하기가 힘들어집니다. 이 의도적인 수단이 만들어 내는 결과에 대해 다음 편지에서 다룰 예정입니다.

귀하를 존경해 마지않는,
프리드리히 리스트 드림.

여덟 번째 편지

보호무역조치가 필요한 이유

1827년 7월 25일 레딩에서

분별력 있는 관세로 얻을 수 있는 유익은 다음과 같습니다.

　1. 국내 산업을 위해 국내시장을 확보할 수 있기 때문에 우리의 제조업 능력을 우발적 사건이나 가격변동 등 타국에서 발생하는 모든 영향으로부터 보호할 수 있습니다. 여기에서 사건이란 어떤 외국이 일시적으로 국내 기업이 제조할 수 있는 것보다 싼 가격으로 물품을 제조하여 판매하는 경우를 사례로 들 수 있습니다. 비록 일시적이라 해도 이러한 종류의 상황은 우리의 제조업 능력에 큰 영향을 미칠 수 있습니다. 왜냐하면 제조업의 특성상 수년간의 침체가 발생하면 제조업 기반 자체가 붕괴하기 때문입니다. 예컨대 건물은 황폐화되거나 다른 용도로 변경됩니다. 기계는 안 쓰고 놔두면 곧 고장이 나고 고철로 팔리거나 땔감으로 팔리게 됩니다. 종사자들은 타국으로 이주하거나 타 직종으로 전환하게 됩니다. 자본은 타국으로 이전하거나 타 업종에 투자하게 됩니다. 고객이 사라질 뿐 아니라 자본가들의 신뢰도 사

라집니다.

외국에서 이루어진 간단한 신 발명품 하나가, 제조기술이 비밀이기 때문에 바로 모방하기도 어려운 상황에서, 짧은 시간 안에 우리나라의 전 제조업을 파괴할 수 있습니다. 반면에 보호무역 시스템을 가지면 제조기술이 밝혀지고 국내 생산력이 따라잡을 수 있을 때까지이 파괴적 영향을 통제할 수 있습니다.

2. 국내시장을 국내 제조업에게 보장해 준다면 우리의 필수품을 공급하는 제조업이 타국의 영향을 쉽게 받지 않을 뿐 아니라 이러한 보호막이 없는 타국의 제조업 상품과의 경쟁에서 상당한 유익을 얻을 수 있습니다. 이것은 자연적·인공적 보호를 누리며 사는 어떤 개인이 그러한 보호막이 없는 사회에서 사는 다른 사람에 비해 상대적 우위를 누리는 것과 같습니다. 모든 경쟁에서 보호받지 못하는 사람들이 불이익을 받을 수밖에 없습니다. 보호막을 등한시하는 사회는 심지어 승리의 결과로 파멸하는 수도 있습니다. 이러한 사회에서는 완전한 보호의 결실을 결코 누릴 수 없습니다. 비록 오늘 국경에서 패퇴한 적국이라 할지라도 내일 또 다시 침략을 자행할 수 있습니다. 이런 저런 이유로 이 국가는 결국 쓰레기더미로 화할 것입니다. 이것이 정확하게 현명한 관세제도로 보호를 받는 국가와 자유무역의 원칙을 따르는 국가의 차이가 될 것입니다.

제조업을 어느 정도라도 아는 사람이라면 제조업의 시도가 생산품의 충분하고 신속한 판매에 달려 있다는 것을 잘 압니다. 그래야

빌린 자본의 이자를 내고 생산비용을 뽑고 합리적 수준의 이윤을 확보할 수 있습니다. 이러한 지점까지 올라서지 못하면 이 사업은 오로지 희망만으로 유지되고 그 희망이 조만간 달성되지 않으면 파산으로 가게 됩니다.

우리가 다 알고 있지만 제조업에서 원가는 규모의 경제에 의존하게 됩니다. 어떤 방직업자가 일 년에 1천 야드의 직물을 생산하여 1야드 당 6달러씩에 판매한다면 그는 손해를 보게 됩니다. 그러나 같은 품질로 2천 야드를 생산한다면 1야드 당 4달러에 판매한다 해도 이익을 보게 됩니다. 이 환경이 제조업의 흥망에 엄청난 영향을 미치고 있습니다.

만일 어떤 영국 방직업자가 대규모 국내공급을 장악하고 있다면 그의 공장 유지에 필요한 물량이 안정적으로 확보되어 있다고 할 수 있습니다. 그는 영국 내에서 일 년에 1만 야드를 6달러씩에 판매하게 될 터인데 이 매출로 그 공장의 제반 비용을 지불하고 자신을 위해 충분한 돈을 축적할 수 있습니다. 이러한 국내시장을 가지고 있는 방직업자가 해외시장을 위해 다시 1만 야드를 생산했을 때 그는 해외시장의 상황에 따라 가격을 조정할 수가 있게 됩니다. 그의 제반 생산 비용은 이미 국내시장의 매출로 지불되었기 때문에 1만 야드의 해외 생산품 비용은 훨씬 낮게 책정해도 됩니다. 야드 당 3달러나 4달러로 팔아도 그는 이윤을 축적할 수 있습니다. 심지어 장래에 발생할 이윤을 기대하고 현재에는 전혀 이윤을 남기지 않아도 됩니다. 불경기에 처한 어떤 해외 제조업자들을 보면 몇 년간 이윤이 전혀 없더라도 판매를 지속합니다. 장래에 7달러나 8달러에 팔 수 있다는 희망을 가지고 있는 것입니다. 또는 이러한 상태가 지속되어 해외 경쟁자가 파멸되어 사라지고 나면 일 년에 2만 달러나 3만 달러를 벌 수 있다는 희망을 가지고 있습니다.

국내시장의 보호를 받는 제조업자라면 이러한 경쟁에서 완전한 자신감을 유지할 수 있습니다. 아무것도 잃을 것이 없고 미래의 소득이 확실하기 때문입니다. 반면에 보호를 받지 못하는 제조업자들은 매일 매일의 손실과 싸워야 하고, 절망에 사로잡혀 있으며, 결국 어느 시점에 가면 불가피하게 파멸하고 맙니다. 이러한 보호막이 없는 제조업자는 그의 경쟁자에 비해 완전히 다른 불행한 상황에 처해 있게 됩니다. 앞서 언급한 대로 이런 사람은 새로운 사업을 하려면 엄청난 어려움을 겪어야 하는데, 어느 정도 합리적 이윤을 보장하는 가격으로 파는데도 불구하고 모든 요소가 그의 판매를 가로막게 됩니다. 국내 소비자의 편견과 싸워야 합니다. 자금줄이 곧잘 막힙니다. 판매가가 비싸지기 때문에 손해도 커집니다. 그래서 생산 초기에 가격을 높이 책정하지 않을 수 없습니다. 그의 경쟁자는 도리어 가격을 낮추는 데 말입니다.

이러한 현상은 특히 고급직물류에서 심하게 나타나는데 50퍼센트에서 80퍼센트까지의 차이를 보이고 있습니다. 이러한 경쟁에서 국가의 개입 없이는 생존할 수 없습니다. 보호를 받지 못하는 제조업자는 곧 깡통을 차게 되고 그의 모든 동료들에게 경고의 본보기가 됩니다. 국가 이익을 이해하지 못하는 나라에서 기업가 정신은 위험하다는 것, 차라리 그 국가의 생산력을 약화시키는 분야에 자본을 투입하라는 것, 아무 것도 않는 것이 좋다는 것, 그리고 그냥 만사를 그대로 내버려 두는 게 좋다는 것 등입니다. 이는 국가의 보호를 받지 못하는 해운업자들의 처지와 유사합니다. 항해조례의 적용, 해군의 비용, 전쟁의 위험, 외적의 침략으로부터 보호를 받지 못하면 그들의 배는(쿠퍼 씨가 충고했듯이) 알제리 태수의 처분에 맡기는 수밖에 없습니다. 차라리 닻을 녹여서 쟁기를 만들어 미개척지의 땅이나 파는 게 더 낫습니다.

우리는 스미스와 세이를 통해 관세나 관세 환급, 항해법 등이 부적절하게도 독점이라 배웠습니다. 이들은 오로지 만민경제학 내에서만 독점으로 부를 수 있는데 어떤 특정한 기업에 **전 국가를 통틀어 하나의 특권**만을 부여하기 때문입니다. 그러나 정치경제학의 관점에서 볼 때 이 명칭은 적절하지 않습니다. 왜냐하면 모든 국민이 이 국가적 특권의 혜택에 참여할 수 있는 동등한 권리를 부여하고 있기 때문입니다. 만일 영국이 자국의 국내시장 공급에 대해 어떤 특권을 부여한다 했을 때, 이는 미국 시민에게 대단한 손실을 끼치는 특권이 되지만 영국 시민들에게는 아니기 때문입니다.

3. 만민경제학의 오래된 경귀 즉 "만일 자국산보다 싸면 외국산을 구입하는 게 좋다"라는 어귀는 이러한 사실들과 어울릴 수 없는데 저는 어떻게 그런 생각을 하게 되는지 상상이 되지 않습니다. 우리가 외국상품을 싸게 산다고 해도 이는 단기간일 뿐입니다. 시간이 지

날수록 비싸집니다. 평화로운 시기에는 싸게 살 수 있다 해도 전쟁하는 시기가 되면 비싸집니다. 현재의 화폐 총량과 비교할 때에 싸게 산다고 할 수 있습니다만 우리가 사야 하는 미래의 생산수단들에 들어가는 비용을 추정해 보면 비교할 바 없이 비싸게 사고 있는 것입니다. 예컨대 우리는 우리 국민들에게 밀과 고기를 팔고 옷감을 살 수 있습니다. 외국 상품이라면 그럴 수 없습니다. 우리의 옷감 소비는 외국이 수용할 수 있는 우리의 지불 수단에 의해 현저히 제약을 받게 됩니다. 이 지불 수단도 매일 현저히 줄어들게 됩니다. 그렇게 되는 경우 우리의 가정에서 만드는 가내수공업 옷감을 사용해야 하는데, 이것도 우리의 식료품 및 원자재 생산이 무진장 증가하는 상황에서, 또한 20년마다 2배가 되는 인구를 고려할 때에 어떻게 가능한지 생각해 보십시오.

이런 엄청난 오류가 이 현명하고 많이 배운 분들 사이에서 발생하고 있습니다. 이는 그들의 이론이 잘못된 근거에서 시작했고, 정치경제적 원칙 대신에 만민경제학적 원칙을 차용했으며, 생산력 흥망의 진정한 원인을 다루기보다 물질의 교환에만 초점을 두었기 때문입니다. 스미스나 세이는 우리에게 우리가 스스로 제조할 수 있는 것보다 싼 가격으로 구매하는 것이 좋다고 충고합니다. 이것은 물질과 물질의 교환에 기초를 두고서 물질의 수익만을 따지기 때문입니다. 그러나 물질을 얻는 대신 국력을 잃으면 어떻게 되겠습니까? 이 둘의 비교가 가능합니까? 한 번 살펴봅시다.

스미스와 세이는 내국 산업의 규모가 해외무역의 규모보다 훨씬 크다고 생각했습니다. 이 사람들은 이 주제에 대해 정확한 계산을 하지 않았습니다. 그들은 모든 국가에서 해외무역의 규모가 국내시장에 비해 약소하다고 말합니다.(세이의 책 9장을 참조해 주세요.) 어떤 프랑스 저자는 내국 시장의 규모가 해외시장 규모에 20배 내지 30배라고 말합니다. 쿠퍼 씨는 10배에서 12배 정도라고 추산했습니다. 이 양극단에서 중간(20배)을 취할 수도 있겠지만 쿠퍼 씨의 선례를 따르는 것이 무난할 성싶습니다.

한 번 따져 봅시다. 2번 항목에서 다루었듯이 생산력의 보호를 받는 외국 산업이 우리의 직물산업을 완전히 파괴하는 상황이 아니라고 할 때, 영국에서 8백만 달러의 직물류를 2~3백만 달러 더 싸게 구입한다면, 우리 산업에 대한 보호가 없는데도 우리가 수입하는 규모보다 12배인 7천 2백만 달러의 직물류를 계속 생산할 수 있다고 보십니까? 더구나 인구와 소비가 2배가 되는 20년 후에는 1억 4천 4백만 달러가 되는데도 말입니다.

이 시각을 정당화하려면 수입 직물류의 총액을(최근 3년 평균인 8백만 달러로 하여) 우리나라의 거주자들로 나눠야 합니다. **1달러의 3/4 비율**로 모직물류가 모든 사람에게 주어졌다고 봐야 합니다. 만일 제조업이 잘 보호되고 노동 분업이 잘 이루어졌으며, 미국의 모든 개인들이 현재 누리는 만큼의 의복을 사용한다고 볼 때, 모든 사람들은 일 년에 최소한 6달러어치의 직물류를 소비할 수 있을 것이고 이것은 매년 7천 2백만 달러 혹은 20년 후에는 1억 4천 4백만 달러의 제조업 능력을 갖추게 될 것입니다. 그렇다면 현재 물질 대 물질의 무역

105
보호무역조치가 필요한 이유

으로 얻어지는 매년 2~3백만 달러의 이익과 비교해 볼만 합니다. 이것이 바로 만민경제학적인 논리와 진정하고 건전한 정치경제학적인 논리의 차이입니다.

4. 모든 새로운 사업 시작에는 반드시 적용되는 규칙이 있는데 만민경제학의 창시자와 그의 제자들은 전혀 인식하지 못하고 있습니다. 이 원칙이야말로 대부분의 경우에 개인적 성공과 국가적 성공을 결정짓는 요소라 할 수 있습니다. 이것은 기업의 **안정성**, 한 번 유익하다 생각하고 적용 가능하다 생각되는 기업을 지속적으로 운영할 수 있는 안정성입니다.[32] 새로 시작하는 기업은 어느 것이든지 많은 비용이 들고, 상품제조에 필요한 수천 가지 일에 대한 경험과 지식이 부족하고, 구매와 판매에 대한 경험도 부족합니다. 기업이 오래 지속될수록 더욱 이윤이 많아지고, 더욱 운영이 좋아지며, 더욱 품질이 좋아지고, 더욱 싸게 판매할 수 있습니다. 이것이 바로 왜 우리가 한 번 다녔던 항로를 선호하고 항로가 자주 바뀌는 경우 좌초하는 사고가 잦은지 설명해 줍니다. 같은 결과가 민족경제에서도 발생합니다. 한 번은 이러한 기업을 최고조로 끌어올렸다가 다음번에는 그 기업을 완전히 소멸시켜 버리는 방식으로 국가의 생산력을 불안정하게 만드는 것만큼 국가 산업에 해로운 것도 없습니다.

만일 어떤 기업을 비정상적 수준까지 끌어올리면 그 기업은 자본과 노동과 기술을 다른 기업으로부터 뺏어오게 됩니다. 비정상적 이윤은 자산 가치를 비정상적 가격으로 올리게 됩니다. 이 결과로 임금이 오르고 소비가 증가하고 노동계층의 욕구도 증가합니다. 물론 벤처기업가와 자본가들의 욕구도 증가합니다. 이러한 비정상적 호경기는 일시적이거나 주기적일 수밖에 없고 따라서 비정상적 불경기가 도래하게 됩니다. 이 불경기에는 앞서 말한 바의 정반대 상황이 발생하게 됩니다. 자산가치가 단순히 떨어질 뿐 아니라 완전히 제로가 되는 상황이 됩니다. 노동자들은 일상적 노동행위로는 생계를 유지하기도 힘들어집니다. 자본은 고용을 창출하지 못하고 주택과 기계는 황폐화됩니다. 간단히 말하자면 파산과 빈곤이 전국을 휩쓸게 됩니다. 한때 우리 모두의 행운이라고 여겼던 것이 순식간에 우리 모두의 재앙으로 변하게 됩니다.

따라서, 국가가 자신의 경제를 위해 취해야 할 첫 번째 과업은, 정치적 수단으로 경제의 안정성을 유지하는 일입니다. 모든 역행적 상황을 최대한 미리 막기 위함입니다. 이러한 안정성 획득의 주요 수단은 분별력 있는 관세의 적용입니다. 어떤 국가가 이 안정적 수단을 시장과 공급, 가격, 임금, 이윤, 소비, 노동과 기업 활동에 적용할수록(항상 앞으로 나아갈 뿐 뒤로 물러서지 않는다면) 이 나라는 더욱 생산력의 발전을 기하게 될 것입니다.

스미스 씨는 영국의 경제적 번영을 영국의 헌법과 기업정신과 영국민의 근면 검소함에 돌릴 뿐 영국 관세법의 놀라운 효과는 부정하고 있는데, 이러한 그의 견해는 영국 번영의 진정한 이유에 대한 올바른 시각을 완전히 상실하고 있습니다. 엘리자베스 여왕 이래로 영국의 직물산업은 외국의 침략이든지 해외경쟁이든지 간에 한 번도 파괴된 적이 없습니다. 그 이후의 모든 세대가 이 전 세대의 자산을 활용하고 이 자산을 확대하기 위해 다양한 수단과 권력을 경주하였습니다. 이는 독일의 처지와 참 대조적입니다. 고대로부터 아주 오랜 세월 발달해 온 국가이지만 자신의 여건에 비해 독일의 발전은 얼마나 시시한 수준입니까? 뿐만 아니라 외국의 침략과 경쟁에 노출되어 있어서 매 세기마다 거의 두 번씩 이전 세대가 이룩한 모든 업적을 파괴당하고 매 세대는 처음부터 다시 시작해야 하는 상황이었습니다.

존경하는 잉거솔 각하, 이러한 관점에서 이제 미국의 운명을 생각해 봅시다. 현재까지 미국의 제조업 이익과 심지어 농업 이익조차 외국과의 경쟁으로 국가적 재앙이 될 때까지 위기를 겪고 있습니다. 지난 독립전쟁에서 현재까지의 상황을 살펴봅시다. 전쟁은 미국 제조업의 기초를 놓았고 모직산업에 이윤을 가져다주었습니다. 그러나 평화가 제조업과 양떼를 파괴했습니다. 전쟁은 농업을 촉진시켰고 상품가격과 임금과 자산 가치를 비정상적 수준으로 올렸습니다. 평화와 부적절한 대외정책은 이를 비정상적 수준으로 끌어내렸습니다. 미국의 농부들은 앞선 기간 동안 자신들의 소비를 감당할 수 있는 소득을 얻었으며 그들의 토지가 보유하고 있는 가치에 따라 번영을 누렸습니다만 지금은 파멸당하고 있습니다.

지금 제조업은 나름대로 약간 활기를 띠고 있으나 영국의 경쟁이 그 모든 것을 뒤엎어 버리는 상황에 처해 있습니다. 전쟁은, 역사과정에서 한 번은 어쩔 수 없이 겪어야 되는 것이고, 의심할 바 없이 모든 산업에 활기를 가져다주었지만, 이제 평화가 이 모든 것을 파괴하고 있는 셈입니다. 이러한 관점에서 볼 때 우리는 이제 과거에 파괴되었던 것을 다시 세우고 한 번 세웠던 것을 다시 파괴당하지 아니하려면 (우리의 영토를 위해 그리했던 것처럼) 우리의 생산력을 보존하기 위해 분별력 있는 법안들을 수립해야 합니다. 이 법안은 외국의 침략과 사고, 법률, 조례, 자본, 산업, 그리고 정책으로 부터 우리를 보호하는 요새가 됩니다.

우리나라의 산업을 보호하는 안정성은 그 자체로 어떤 활력 있는 조치들보다 훨씬 더 우리의 생산력을 증진시켜 줄 것입니다.

자국의 산업을 외부의 약한 바람에도 쉽게 노출시키는 국가가 어떻게 자국의 산업을 확고하게 보호하는 국가와 경쟁할 수 있겠습니까?

귀하를 존경해 마지않는,
프리드리히 리스트 드림.

아홉 번째 편지

영국 외교정책의 정치경제학

1827년 7월 26일 레딩에서

III. 정치경제학은 만민경제학이 아니다 (계속)

존경하는 잉거솔 각하,

앞서의 서신에서 말씀드렸지만, 아마 각하께서는 캐닝 씨와 허스키슨 씨가 스미스 씨와 세이 씨의 만민경제학 이론을 곧이곧대로 믿었다고 생각하실 겁니다. 그러나 아닙니다. 캐닝 씨는 이 이론을 절대 진실로 믿지 않았습니다. 그것은 피트 씨도 마찬가지였습니다. (만민경제학의 추종자들이 자랑스럽게 말하고 있는 바) 피트 씨는 어딜 가든 아담 스미스의 책을 호주머니에 넣고 다녔습니다. 그러나 한 가지 확실한 것은 피트 씨가 그의 호주머니에 책을 넣고 다닌 이유입니다. 책대로 따라 하기 위해서가 아니라 정확하게 반대로 실행하기 위해서였습니다. 캐닝 씨도 이와 비슷한 사례로서 진심으로 이 책들을 읽었겠지만 아담 스미스의 의견대로 실천하기 위해서가 아니라 이와 반대로 실천하기 위해서였습니다. 우리나라의 유능한 국회의원이신 헨리 볼드윈 씨가 아주 센스 있게 표현하신 바처럼 스미스를 추종하는 이들의 제스처는 영국 내에서 사용하기 위해 개발된 게 아니고 해외로 수출하기 위해 개발한 것이었습니다.[33]

지금처럼 영국의 정책이 스미스의 이론과 정반대가 될수록 이 이론을 둘러싼 신비로움이 미국을 위해서는 더 해로울 것입니다. 또한 그 럴수록 미국은 이 이론이 의미하는 바를 더 진솔하게 이해해야 하고 저 자신으로서는 혹시라도 이 진실을 밝혀야 하는 과업에 실패하지 않을까 조심해야 합니다.

  진실로 이 점은 이상해 보이는데, 저는 왜 영국 수상이 프랑스와 스페인 극우파의 증오를 받고 영국왕의 지지와 영국 국민의 사랑을 받는지 모르겠습니다. 그는 만민경제학의 추종자임을 고백하고 있고 만일 이 이론이 정책으로 실천된다면 영국이 지금 누리는 독점을 상 실하게 될 것인데 말입니다. 스스로를 만민경제학의 추종자라 말하고 있음에도 불구하고 영국 수상 자신이 그토록 여타 라이벌 국가의 모 든 성장을, 특히 미국의 성장을 질투하고 저지하려 애쓴다는 것도 이 상합니다. 이쯤 되면 누구라도 다 눈치를 챘겠지만, 영국이 표방하는 이론과 영국의 구체적 실천 사이에는 큰 괴리가 있음이 틀림없습니다.

  약간 의심하는 분들도 있겠지만, 제가 보기에 캐닝 씨는 고상하 고, 감수성이 풍부하고, 자유를 사랑하는 사람입니다. 그럼에도 불구 하고 우리가 다 알고, 그조차도 인정하는 바처럼, 그는 스페인이 세 마리의 괴물, 즉 전제정치, 무질서, 그리고 외국침략과 점령에 고통당 하도록 밀어대고 있습니다. 목표는 라틴 아메리카의 공화국들을 독 립시키는 것입니다. 이러한 정책은 자유와 인간성에 대한 사랑이 없어 서가 아니라, 그 자신이 고백한 것처럼, 영국에 방대한 해외시장을 공 급하기 위한 욕망 때문입니다.

영국이 포르투갈에 자유헌법을 제공한 것은(브라질 황제는 이 헌법이 자신이 주도하여 만들었다고 말하지만 누구도 믿지 않습니다.) 매우 자유주의적 원칙에 맞는 행동입니다.[34] 포르투갈로 하여금 스페인의 열광주의자들로부터 이 자유헌법을 지키도록 군사력을 동원하는 24시간짜리 최후통첩을 보낸 것도 자유주의적 원칙에 따른다고 봅시다. 그러나 아무리 영국의 임무가 동맹국의 헌법을 지원하는 것이라 해도 영국 해군이 그토록 신속하고 열정적으로 파견되는 것은 이상합니다. 모르는 사람이 없지만 이러한 행동 안에는 엄청난 이해 관계의 거래가 있었습니다. 이 상황에서 캐닝 씨가 스페인의 철수 문제를 다루는 것을 보십시오. 무엇 때문입니까? 점령이라는 괴물이 물러간 곳에 무질서란 괴물이 설치고 있습니다.

캐닝 씨는 얼마든지 유럽 내 서로 다른 국가들에 서로 다른 정치적 수단을 동원하는 서로 다른 이유를 마련할 수 있습니다. 오로지 영국의 이익에 부합하기만 하면 말입니다. 그러나 적어도 우리나라에 있어서만큼은 우리에게 그의 행동으로 그의 의도를 파악할 수 있는 자유가 있습니다. 그의 진정한 의도를 감추기 위해 개발한 그런 변명은 필요 없습니다. 우리는 어떤 사람의 목적을 판단할 때에 가끔씩 역사에서 교훈을 얻곤 합니다. 국가도 개인처럼 오랜 세월에 걸쳐 어떤 주요 목적을 추구하는 모습을 보이고 있습니다. 영국의 목적을 탐구해 보면 당연히 이 목적이란 영국의 제조업과 상업과 해군을 모든 경쟁국들보다 더 우세하게 유지하려한다는 것임을 알 수 있습니다.

이러한 목적을 달성하기 위해 영국은 국내에서 자유주의적 원칙을 유지합니다. 그러나 아시아에서는 제국주의적 정복을 시도하고 전제정치를 지지합니다. 반면에 서인도제도와 캐나다에서 그들의 식민지 모국과 경쟁할 때에는 어느 정도 인간적 권리와 자유주의적 제도들을 허락하여 주민을 무마하곤 했습니다. 우리는 영국이 과거 그들의 동맹국이었던 제네바 공화국을 왕정에 넘겨주는 것을 보았고, 독일의 한자동맹도시들이 과거의 독립성을 회복하도록(독일 내에 영국의 제조업 제품 판매를 위한 기지를 만들려는 의도였습니다만) 돕는 것을 보았습니다. 프랑스 공화국을 전복하기 위해 군대를 고용하면서 동시에 시실리에는 공화국 정부를 세우는 작업을 하였습니다. 유럽 왕국들이 프랑스를 정복하도록 재정을 지원했고 네덜란드 공화국을 왕정으로 전복시켰습니다. 우리는 영국이 스페인 공화국의 붕괴를 위해 애쓰면서 남아메리카에서 공화국들이 들어서도록 기획하는 모습을 보았습니다.[35] 포르투갈의 공화국을 지원하고 보수열광주의자의 공격으로부터 보호했으며 프랑스의 스페인 퇴각을 두고 협상했습니다. 영국의 이러한 행동들은 국제적 원칙으로 보자면 완전히 모순덩어리입니다. 그러나 국가의 목적이라는 관점에서 보자면 이러한 행동은 완전히 일관성 있는 행동들입니다.

영국의 목적은 언제나 항상 영국의 제조업과 상업을 증진시키고 이로 인해 해군과 국력에서 여타 경쟁국가들보다 항상 우위를 누리는 것입니다. 이러한 목적을 달성하기 위해 다양한 환경에 따라 다양한 전략을 구사합니다. 때로 어떤 곳에서는 자유주의적 원칙을 사용하고, 또 다른 곳에서는 무력행사나 뇌물을 사용합니다. 영국의 국가

목적에 따라 자유를 부르짖기도 하고 자유를 억압하기도 합니다. 노예무역조차도 영국은 자국의 이해관계에 따라 조치를 달리합니다. 타국의 식민지는 노예무역을 하지 못하도록 다양한 핑계거리를 대지만 자국의 식민지에서는 이미 노예제도를 풍부하게 유지하고 있습니다.

　정상적인 사고를 하는 사람이라면 아무도 캐닝 씨가 이러한 영국의 목적에서 벗어난 행동을 하리라고는 생각하지 않을 것입니다. 그가 그의 만민주의적 시각과 이해를 위해 국가적 시각과 국가적 이익을 희생할 것이라고도 생각하지 않을 것입니다. 결코 그럴 일이 없습니다. 캐닝 씨는 오로지 현재의 변화하는 환경에 알맞게 국가적 목적을 달성하는 수단을 조정하고 있습니다. 15년 전까지는 나폴레옹의 대륙체제를 파괴하기 위해 대륙의 절반에 가까운 국가들에 지원하고 군대를 파견하는 것이 영국의 국가이익이라면, 나폴레옹 축출로 도움을 받았던 국가들이 새로운 대륙체제를 만들려는 노력을 보이는 현재, 이들이 대륙에서 영국의 영향력을 무너뜨리지 않도록 위협하고 남아메리카의 무역에 한 축 끼어드는 것이 영국의 국가이익입니다. 결과적으로 캐슬레이 경의 세력균형 원칙은 더 이상 유지할 필요가 없으며 대륙에 영국의 영향력을 유지하고 대륙 국가들의 국력 확산을 저지하는 공격적 정책의 사용이 필요한 시점입니다. 캐닝 씨는 이러한 점을 잘 이해하고 있었고 이것이 그가 의회에서 행한 연설의 내용입니다. 그는 노골적으로 영국이 소유한 자유주의적 이데올로기가 대륙의 동맹국들에게 얼마나 강력한 힘을 가지고 있는지를 언급했습니다. 유럽에 대한 캐닝의 위협은 그가 포르투갈에 자유주의적 헌법을 공급하는 것으로 나타났는데 그것은 그의 새로운 동맹국들 사이에 자유주의적 사고라는 극단주의가 자리 잡기 위한 공작이었습니다. 그의 전임자인 캐슬레이는 나폴레옹의 대륙체제에 대항한다는 명분으로 총칼과 자금을 동원하여 이 나라를 장악한 바 있습니다.[36]

캐닝 씨가 무력으로 불공평한 통상조약을 대륙의 강대국들에게 강요했는지 혹은 전제정치와 자유주의 사이의 경쟁을 유리하게 조작하려는 의도를 가졌는지는 영국 내각의 비밀을 자세히 알지 못하는 한 말할 수 없습니다. 그러나 확실하게 말할 수 있는 것이 있습니다. 그것은 그가 어떤 수단이든지 그의 목적을 달성하기 위해 사용했다는 점입니다.

캐닝의 연설을 살펴보면 그가 프랑스의 외무장관에 대해 그다지 만족하지 못했음을 알 수 있습니다. 이로 미루어 보아 프랑스 외무장관이 캐닝의 계획에 썩 잘 부응하지 못한 것으로 결론지을 수 있습니다. 당시 그는 프랑스 왕궁 방문을 앞두고 있었으며 통상조약이 곧 체결될 것이라는 냄새를 풍기고 있었습니다. 우리는 당시 영국 언론의 보도 태도를 보아서 그러한 결론을 도출할 수 있습니다. 영국 언론은 당시에 만장일치로 스미스와 세이의 만민경제체제가 주는 장점을 찬양하고 있었습니다. 양국이 만일 이 체제를 채택하면 영국에게는 제조업의 활성화를 프랑스에게는 포도주산업의 융성을 가져올 것이라는 주장이었습니다.

개인적으로 불쾌한 점이 없지 않았으나 캐닝 씨는 확실히 국익이라는 거시적 동기에 따라 행동한 것으로 보입니다. 그는 결코 자신의 개인적 실망을 공개적으로 표현하지 않았습니다. 잘못하면 이러한 행동으로 국가정책에 손해를 끼칠 수도 있었기 때문입니다. 캐닝 씨의 협박은 프랑스에서 잘 먹혀들었습니다. 그리고 프랑스군의 스페인 철수 요구는 캐닝 씨가 전 이베리아 반도를 영국의 동맹국으로 삼겠다는 의도를 확실히 드러낸 것이었습니다.

유럽의 정책을 다루는 게 저의 의도는 아닙니다. 저는 오로지 캐닝 정책의 의도를 최대한 깊숙이 조명해 보았습니다. 그의 목적은 유럽의 강대국들을 억제하고 남아메리카 시장을 독점하려는 것이었습니다. 캐닝 씨는 미국을 현재의 제조업 강국으로 두려워하는 게 아닙니다. 미래의 제조업 강국이 될까 두려워하고 있습니다. 미국이 제조업 강국이 되면 세 가지 측면에서 영국의 제조업 이익을 위협하게 됩니다. 첫째는 미국 국내시장을 빼앗기게 됩니다. 둘째는 남아메리카 시장을 공유해야 합니다. 셋째는 해운업이 융성해져서 강력한 해군을 맞이하게 됩니다.

전에도 없었고 후에도 또 다시 만들어지기 어려운 기회가 우리 앞에 있습니다. 남아메리카의 해방은 미국의 제조업이 몇 년 안에 융성해지고 영국의 국력과 국부에 필적할 수 있는 기회입니다. 미국의 국내 생산력을 증대시키고 해외 경제활동을 활성화하고 국내외 해운력을 증대시키면 가능합니다.

몇 년만 지나도 영국은 남아메리카에서 배타적 기반을 형성하게 됩니다. 캐닝의 정책에 의해 의심할 바 없이 강력한 국력과 국부를 구축하게 될 것입니다. 그때가 되면 미국이 아무리 노력한다 해도 영국을 산업에서나 정치력에서 따라 잡을 수 없습니다. 친애하는 잉거솔 각하, 서로 경쟁하는 라이벌 국가들 사이에서 성장하지 못한다는 것은 취약해진다는 것과 동의어입니다. 만일 영국이 현재보다 국력이 두 배 더 신장하고 상대적으로 미국은 정체되어 있다면 미국은 영국에 대하여 두 배 더 약해진다는 것을 뜻합니다.

명백히 알려진 바이지만 캐닝 씨는 우리나라가 민족체제를 채택하지 못하도록 적극 방해하고 있습니다. 무슨 수단으로 그가 이러한 목적을 달성하겠습니까? 적어도 이 대륙 안에서는 우리를 노골적으로 위협할 세력은 없습니다. 그가 할 수 있는 방법이라면 커미션이나 받아먹은 미국 수입상의 이해관계와 우리의 해운업자와 남부농장주의 이익을 대변하는 소위 학자연하는 사람들의 엉터리 주장을 활용하는 것입니다. 그들은 거짓된 내용으로 선동하고 있습니다. 만일 제조업의 이익을 증진시키는 경우 해운업과 목화업의 이익은 손해를 볼 수밖에 없다고 주장합니다.

따라서 우리는 도대체 이 작업이 어떻게 이루어지고 있는지를 살펴보아야 합니다. 모든 건전한 사고방식을 가진 사람들이라면 당연히 우리 모두의 이익을 공동으로 보장할 수 있는 정책들을 거부하는 이러한 선동들에 대해 경각심을 높여야 합니다.

귀하를 존경해 마지않는,
프리드리히 리스트 드림.

열 번째 편지

미국이 영국 제조업에
의존하면 안 되는 이유

1827년 7월 26일 레딩에서

III. 정치경제학은 만민경제학이 아니다 (계속)

친애하는 잉거솔 각하,

어떤 국가든 타국과 수출 및 수입을 하면서 서로 의존하게 되어 있습니다. 외국에 다량의 원자재와 식량을 의존할수록 국내적으로는 재난과 취약성의 근원이 되고 번영보다는 외세에의 의존이 증가하게 됩니다.

캐닝 씨는 영국의 핵심적 국익에 따라 자국의 제조업 이익을 보호하고, 남아메리카 시장을 독점하며, 제가 확신하기로, 미국의 곡물에 대해 영국 항구를 개방하는 등의 정책을 원활히 유지하기 위해 영국 의회 내의 지주계층을 설득하고 있습니다.

우리나라의 농부들이 미래에 발생할 확실한 이점을 거부해야 할지에 대해서는 생각해 볼 여지가 있습니다. 아마도 우리나라의 지주들이 그가 주장하는 자유무역을 채택한다면 캐닝 씨는 상당한 성공을 거둔 셈입니다.

이렇게 되는 경우 어떤 결과가 초래되겠습니까? 자유경쟁에 처한

이 나라의 제조업은 순식간에 붕괴하고 말 것입니다. 제조업에 투입되었던 막대한 자본들이 사라지고 국내저축의 대부분은 농업에 투자될 것입니다. 노동, 기술 등 제조업에 투입되었던 생산력은 농업으로 돌아갈 것입니다. 밀과 곡류의 가격은 1과 1/2 달러로 오르게 되고, 토지와 임금의 가격도 같은 비율로 증가하며, 농민들은 증가되는 소득만큼 소비를 증대시키게 될 겁니다. 은행업 같은 비율로 성장할 겁니다. 이와 동시에 영국은 자신의 생산력을 엄청난 수준으로 개선하고 남부를 비롯한 모든 다른 시장들을 석권하게 될 겁니다.

이러한 상황의 발생이 꼭 영국이 우리나라의 모든 산업을 파괴시키는 데 한 시간이면 충분하다는 식으로 말하는 것은 아닙니다. 그러나 캐닝 씨의 생각이 바뀌거나 그의 정부 정책이 바뀌거나 혹은 영국 의회의 생각이 바뀌는 경우 그러한 파괴적 결과가 나타날 수 있습니다. 예컨대 영국이 자신의 제조업 능력을 극대화시키고 나면 그 후에 영국 지주의 이익을 증대시키는 새로운 곡물법을 추진할 가능성이 매우 높습니다. 이러한 경우에 양국 사이에는 전쟁이 발생할 수 있고, 영국 정부의 적대감으로 인해 미국을 약화시키려는 계획이 착수되고, 미국의 곡물 수출을 차단하며, 곡물 수입선을 프러시아나 폴란드로 옮기는 정책이 나타날 수 있습니다. 이러한 경우에 미국의 국내적 평화와 안정이 심각한 위협을 받게 됩니다. 이러한 사태는 바로 작년 영국이 서인도제도를 영유하기 위해 벌였던 사건에서 그 예를 찾아볼 수 있습니다.

한 가지 확실한 것은 이러한 경제적 의존의 시기가 되면 미국 내

거주자 대부분은 영국 의회가 새로운 법안을 의결할 때마다 떨어야 하고 워싱턴이 아니라 런던의 웨스트민스터에서 발행하는 의사록과 법안에 더 많은 공포와 기대를 느껴야 합니다. 그렇게 되면 미국의 자주성은 상실되고 맙니다. 무엇 때문에 우리가 수출하는 곡물류에 대한 규제를 견뎌야 합니까? 각하께서는 지난 14년간에 진행된 상황을 보셨지 않았습니까? 이 상황이란 임금과 이윤, 자본과 토지가격의 하락, 일상적 소비와 점감하는 소득 사이의 부조화, 그리고 그 결과로 나타나는 파산, 법원 경매, 절름발이가 된 은행, 그리고 국가적 위기였습니다. 만일 우리가 한 톨의 밀알이라도 영국에 판매하지 않으면 무슨 커다란 사건이 발생합니까? 우리의 라이벌이며, 때로는 적대적인 국가, 한 시간이면 우리의 풍요를 파괴할 수 있는 세력, 우리의 경제를 한 세기 이후로 후퇴시킬 수도 있는 그러한 세력에게 맞서지 않을 이유가 있습니까?

이쯤에서 저는 우리의 현 은행체계와 민족경제체계 사이의 긴밀한 관계에 대해 설명할 필요가 있다고 봅니다. 제 생각에 지금까지 이 관계가 불완전하게 이해되어 왔기 때문입니다. 은행체계는 토지와 자산의 가격 변동에 따라 등락하고 있습니다. 은행은 일반적으로 자신들이 소유하고 있는 현금보다 훨씬 더 많은 증권들을 발행합니다. 쿠퍼 씨에 따르면 현금 보유액의 3배 정도가 가능하다고 합니다. 저도 최소한 그 정도로 발행이 가능하다고 봅니다. 만일 시중에 유통되는 증권의 삼분의 일 정도만이 보유현금을 대변한다고 하면 나머지 삼분의 이는 무엇을 대변하는 걸까요? 이 증권들이 만일 어떤 가치를 대

미국이 영국 제조업에 의존하면 안 되는 이유

변하지 못한다고 하면 사람들은 이 증권을 보유하려 하지 않을 것이고 이 증권들은 인쇄된 휴지 조각에 지나지 않을 겁니다. 이 증권들은 자산과 토지의 가치를 구성하는 명목 가격의 총량을 대표하고 있습니다.

그러나 자산과 토지의 실제 가치는 토지의 시장가격에 의존하고 있습니다. 그 가치가 높아지면 증권의 안정성도 높아지고 그 가치가 떨어지면 증권의 안정성도 함께 떨어집니다. 만일 시장 가격이 형성되지 않으면 자산을 현금으로 전환할 수 있는 가능성도 없고 증권의 안정성도 사라집니다. 그러니만큼 은행은 토지와 자산 위에 기초하고 있습니다. 토지 가격의 등락 그리고 이 가격을 화폐로 전환시킬 수 있는 가능성의 등락은 생산물 가격에 의존하고 있습니다. 만일 밀 가격이 오르면, 밀밭의 가격도 오릅니다. 만일 생산된 밀이 밀농사에 투입된 노동에게 임금을 지불하지 못할 정도가 되면 밀밭에 투자하는 사람이 큰 바보인 셈입니다. 따라서 원자재 가격에 영향을 미치는 모든 요인들이 토지가격과 은행업에도 영향을 미치게 됩니다. 이 반대의 경우도 마찬가지입니다. 이와 같이 은행체계의 기초적 조건은 농업생산물 시장의 안정성입니다. 이 안정성을 위해 민족체계가 영향을 미치지 않을 수 없으므로 심한 변동을 막기 위해 국내 공산품 시장을 보호해야 합니다. 이러한 조건하에서 은행체계는 생산력으로 작동합니다. 그렇지 않고 무조건 개방하는 경제체제하에서는 수시로 산업의 뿌리, 즉 **신용**이 파괴되기 마련입니다.

지난 14년간을 돌이켜 봅시다. 만일 미국 정부가 독립전쟁 이후

즉각적으로 제조업을 보호했었다면 밀 가격과 임금, 토지 가격, 이윤 등이 그렇게 심하게 하락하지 않았을 것입니다. 은행도 그렇게 황폐화하지 않았을 것입니다. 십분의 일이나 되는 시민들이 자신의 집과 가정에서 쫓겨나지 않았을 것입니다. 토지 소유자들의 심각한 재난이 주로 은행 투기 때문이라고 알려져 있습니다만 실제로는 생산물과 토지의 심한 가격 변동 때문이고 이 변동은 해외시장에의 의존과 해외 가격변동의 영향, 외국의 각종 규제와 제한 때문이었습니다. 은행 사기와 입법부의 실수는 이러한 재난을 부채질한 것에 불과합니다. 토지소유자들의 파산이라는 결과는 파산의 근본적 이유가 민족체계에 의해 해결되지 않는 한 해결되지 않습니다. 은행 사기를 원인이라고 믿습니다만 미국에 은행이란 게 존재하지 않는다 해도 이 근본적 원인이 해결되지 않으면 재난은 다시 나타나기 마련입니다.

독일처럼 은행이 발달하지 않은 곳에서도 이러한 원인과 결과는 동일하게 나타나고 있습니다. 농산품 가격이 높고 결과적으로 토지 가격이 높다면 토지 판매는 매우 활발하게 됩니다. 신용이 증가하여 비교적 적은 자금을 가진 사람들일지라도 쓸모 있는 토지를 살 수 있습니다. 담보가 잔금을 해결해 주기 때문입니다. 상속이나 판매, 계약 등등 제반의 사소한 것들조차도 소유자들에게 도움을 주게 되는데, 비교적 높은 가격의 담보가 되기 때문입니다. 담보물의 소유자들도 곡물 가격과 토지 가격의 안정성을 신뢰하기만 하면 자신의 자금을 회복하는 걱정을 할 필요가 없습니다. 만일 자금이 필요하다 해도 채무자에게 상환을 요구할 필요가 없습니다. 자신의 증권을 자본가

미국이 영국 제조업에 의존하면 안 되는 이유

에게 들고 가서 현금화할 수 있고 안정성이 확보되어 있기 때문입니다.

그러나 소위 **왕정복고** 이후에 자유무역의 시대가 되면서 독일의 상황은 극히 악화되었습니다. 자유무역으로 영국의 공산품이 쏟아져 들어와 독일의 제조업이 파괴되었습니다. 그러면서도 영국은 곡물법과 양모법을 설치하여 독일의 곡물과 양모가 영국 내로 수입되는 것을 막았습니다. 이 결과 독일의 농업이 파괴되었습니다. 그러자 토지 가격과 자산 가격이 침몰하였고 증권에 대한 신뢰도 사라졌습니다. 자산을 판매하여 자금을 확보할 수 있는 기회도 없어졌습니다. 농민 다수에게 발생한 이 파괴적 결과는 이미 최근 미국에서도 목격한 바 있습니다. 현재는 농민들이 자기의 자산을 판매한다 해도 자신의 부채를 청산할 수 없는 상황입니다.

만민경제학의 주창자들은 토지 가격의 등락에 대해 전혀 언급하지 않고 있습니다. 그 결과에 대해서도 마찬가지입니다. 더욱 놀라운 일은 국가적 풍요의 상당 부분이 토지와 자산 가격의 안정성에 달려 있다는 점입니다.(토지와 자산이 국부의 대부분을 차지하고 있기 때문입니다만.) 만민경제학이 이처럼 중요한 부분을 **빼** 먹은 이유도 명백합니다.

스미스 씨가 이 체계를 구상할 즈음 그가 살고 있는 나라에서는 대부분의 토지가 신분제와 엮어 있어서 시장에서 사고파는 대상이 아니었습니다. 그러므로 스미스는 토지 가격이 아니라 지대의 변화에만 관심을 가지고 있었습니다. 세이 씨는 거의 모든 부동산을 시장에서 사고파는 사회에서 살았지만 스미스를 무비판적으로 본받기 위해 이 문제를 의도적으로 빠뜨렸습니다. 약간의 예외를 제외하면 만민경제학자들이 하는 짓이란 늘 이렇습니다. 미국에서는 다른 어느 나라보다 부동산의 판매가 활발합니다. 이 존경받는 이론의 약점이 이러한데도 이를 따른다면 이미 겪었던 지난 25년처럼 이 나라의 토지 소유자들이 큰 고통을 받게 됩니다.

진실로, 앞에서 말씀드린 바처럼, 제가 정치경제학의 원칙들을 검토해 볼수록 세이 씨의 이론체계가 완전히 실패라는 사실을 깨닫게 됩니다. 또한 제가 제시하는 이론이 정치경제학에서 상식을 복원시키고 깊은 지혜로 허황된 이론을 배격하여 국가의 풍요를 보장하고 있음을 확신합니다.

귀하를 존경해 마지않는,

프리드리히 리스트 드림.

제조업 성장은
남부의 각 주에도 유익하다

1827년 7월 29일 레딩에서

III. 정치경제학은 만민경제학이 아니다 (계속)

친애하는 잉거솔 각하,

해외곡물시장이 외국의 규제에 의해 언제라도 파괴당할 수 있다는 점을 생각하면 곡물시장의 해외의존은 번영보다 재앙의 원천이 됩니다. 타국시장에 의존하는 면화시장도 이와 마찬가지입니다. 이 국제면화시장은 영국이 지배하고 있는데, 영국은 자신의 의지를 실현할 수 있는 막강한 국력을 가지고 있고 우리나라와 강력한 경쟁의식을 가지고 있으며 짧은 시간 안에 면화의 공급선을 자신의 다른 식민지로 이전하려 노력하고 있습니다. 사우스 캐롤라이나 대학의 쿠퍼 박사나 길스 버지니아 주지사와 같은 남부의 선동꾼들께서도 정치적 제스처는 그만하시고 합리적 이성으로 동료들이 미래를 대비하도록 설득하는 게 나을 겁니다. 이들이 문제의 핵심을 보다 냉철하게 그리고 면밀하게 조사해 보면 당연히 그렇게 하리라 생각합니다.

먼저 우리 한 번 길스 주지사가 말한 바와 같이 황금알을 낳는 거위를 죽인 어리석은 소년이 누구인지 살펴봅시다. 쿠퍼 총장께서 "연

133
제조업 성장은 남부의 각 주에도 유익하다

례 재무 난센스 보고서(the annual nonsense of Finance Reports)"라고 센스 있게 비난하신 그 내용을 면밀히 분석해 드리지 않을 수 없습니다. 바로 그 내용에서 우리 모두가 상식적으로 용납할 수 있는 무언가를 도출해 낼 수 있다고 봅니다. 우리의 재무부가 제시하는 통계를 보면 다음과 같습니다.

수출

1816년: 8,100만 파운드의 면화, 24,000,000 달러 소득 발생

1826년: 2억 400만 파운드의 면화, 25,000,000 달러 소득 발생

이 통계를 보면 1816년에 1파운드의 면화로 벌어들였던 소득이 1826년에는 2.5파운드의 면화를 주어야 얻을 수 있게 되었습니다. 유럽시장이 소화할 수 없을 만큼의 물량을 미국의 남부주에서 쏟아냈기 때문입니다. 만일 남부면화농장주들이 그들이 생산한 면화의 절반을 미시시피강에 던져버린다면 의심할 바 없이 나머지 절반의 면화만으로도 현재 전체 면화 물량으로 얻는 수익을 얻을 수 있을 것입니다. 그렇게 되는 경우에 농장주들은 그 절반의 면화를 수출품으로 꾸리고 선적하는 수고를 면할 수 있습니다. 진실로 사람들은 노동의 보수를 받지 못하기도 하고, 어떤 생산력은 스스로를 파멸시키기도 합니다. 또한 인류 전체를 위해 유익한 생산이 어떤 국가에는 파멸로 다가오기도 합니다. 이미 말씀드린 바처럼 진실로 개인경제는 정치경

제가 아니며 만민경제도 정치경제가 아닙니다.

1825년을 기준으로 볼 때 자신의 자본투입에 비해 낮은 면화가격으로 적은 이윤을 얻은 면화농장주들이 이 손실을 메꾸는 방법으로 면화수출량을 늘린 것은 충분히 이해가 갑니다. 개인경제의 원칙으로 볼 때 적절한 전략입니다. 문제는 모든 농장주들이 동일한 전략을 택한다는 점입니다. 결과적으로 전체 면화수출량은 급증하는데 유럽 시장의 면화 소비는 상대적으로 낮은 비율로 증가합니다. 이 비율만큼 면화가격도 하락하고 면화수출량은 늘었음에도 불구하고 면화농장주들은 전년보다 한 푼도 더 받지 못하는 사태가 발생합니다. 이 상황을 숫자로 한 번 예시해 봅시다. 만일 2의 물질적 생산이 2배가 되어서 합계가 4가 된다면 총 가치 생산은 최대한 1.5 혹은 그 이하가 됩니다. 면화농장주들이 매년 이러한 상황에 처한다면 3억 파운드어치를 심었을 경우에 2억 5,000만 파운드 이상은 얻을 수 없다는 결론입니다. 그들이 매년의 공급이 수요에 부응해야 한다는 사실을 깨달을 때까지 지속됩니다. 만민경제학의 원칙은 면화산업에서 얼마나 많은 면화농장이 파산할 것이냐는 염두에 두지 않습니다. 세계의 부는 증가하고 모두가 잘 살게 됩니다. 그러나 의심할 나위도 없이 남부의 면화농장주들이 인류의 복지 증진을 위해 그들의 사적 이익 증대를 희생하지는 않을 것입니다.

남부의 면화생산 주들이 겪고 있는 고통의 이유는 중부의 곡물생산 주들이 겪고 있는 고통의 이유와 정확히 일치합니다. 곡물의 과잉생산과 면화의 과잉 생산입니다. 이 둘 다 국민체계 내에서의 적절한 분업이 요청됩니다. 어느 주에 살든 서로의 상호이익을 고려해야 합니다. 바로 수익성 있는 고용의 증대입니다. 이것이야말로 국가를 살리는 비밀 바로 그 자체입니다.

노예노동이 아니라면 남부의 주들이 어디에서 이윤을 창출하겠습니까? 어떤 이들은 말하기를 노예를 실크산업에 종사하게 하자, 혹은 포도주산업에 종사하게 하자라고 합니다. 제가 보기에 이 어떤 대안들도 현재 나타나고 있는 손실을 메꿀 만큼 이윤을 창출하지 못합니다. 이 이윤에 대해서는 따로 말씀드리겠습니다. 그러나 왜 노예들이 면화를 사용하여 비록 조악하지만 셔츠나 옷감을 생산해서는 안 됩니까? 왜 그래야 하는지 이유를 모르겠습니다.[37] 방직기계가 세워지고 나면 방적과 직조에 투입되는 노동은 노예노동보다 훨씬 적습니다. 이집트의 통치자들은 이러한 일에 노예들을 잘 활용하였습니다. 고대 그리스에서 모든 제조업은 노예들이 담당하였습니다. 제조업을 발달시킴으로써 남부에 거주하는 시민들은 몇 가지 특별한 이익을 얻을 수 있습니다. 첫째, 그들의 노동을 유아적 단계에서 고도의 단계로 끌어올릴 수 있습니다. 이러한 노동기술은 제조업에서 평생 써먹을 수 있습니다. 둘째, 방적기계를 설치하면 지금 거의 쓸모가 없는 여성과 아동 노동을 훨씬 잘 활용할 수 있습니다. 셋째, 보다 싼 면화를 생산하고 보다 가까운 남아메리카 시장을 활용할 수 있습니다. 넷째, 개별 농장에서도 염색공장을 설치하여 별 준비 없이도 인디고 정도의 염료는 사용할 수 있습니다.

이제 남부가 사용하는 노예의 1/4을 활용하여 생산되는 면화의 1/8을 직물생산에 활용하는 경우에 어떤 결과가 나오는지 봅시다.

현재의 생산량	204,000,000
노예 1/4을 직물생산에 활용하느라 줄어드는 면화생산	51,000,000
잔액	153,000,000
위의 잔액으로부터 삭감되는 1/8의 자체생산 소비분	20,000,000
잔액	133,000,000
이 잔액으로 얻을 수 있는 수입총액 (1820년 가격을 중심으로: 2250만 달러/1억2,700만 파운드)	$24,000,000
2천만 파운드의 면화로 350만 명에 의해 생산되는 직물 총액 (같은 양의 면화 가격보다 6배)	$21,000,000
매년 총수익	$45,000,000

그러므로 제조업에서 노동투입이 초래하는 유익은 너무도 명백합니다. 전체 면화산업 노동의 1/4에 불과하지만 그 생산액은 나머지 3/4의 노동력이 생산하는 총액과 맞먹고 있습니다.

이로서 남부의 농장주들께서는 그들의 노예노동과 그들의 토지가 지닌 문제점들을 잘 이해하시리라 생각합니다. 그들의 토지가 면화생산에 몰두하는 한 같은 토지가 유럽에서 생산할 수 있는 가치의 1/20밖에 생산하지 못한다는 사실입니다. 진실로 진실로 제가 말씀드리는 바이지만 남부의 농장주들께서 프랑스의 극우주의자들처럼 이 시대의 요구를 그토록 완강하게 거부해 보았자 결국 실패하고 말 것입니다. 그보다는 합리적으로 수용하는 것이 좋습니다. 지나간 좋은 시절을 복고하려 꾀하기보다는 새로운 아이디어, 즉 인간의 팔이 아니라 기계로 새로운 결과를 추구하는 편이 바람직합니다.

남부농장주들이 자신들의 노동 결실을 자유경쟁으로 스스로 파괴하고 있는 사이에 영국은 미국보다 훨씬 더 강력한 명령체제를 운용하여 면화공급의 다변화를 꾀하고 있습니다. 그들은 브라질과 여타 남미 국가들에게 면화수출 참여를 독려하고 있습니다. 터키제국은 거의 확실하게 외적의 침입이 아니라 자신의 몸무게를 이기지 못하여 침몰하고 있습니다.[38] 그렇게 되면 영국은 더 많은 국가들을 자신의 종주권 안으로 몰아넣을 수 있습니다. 이 경우에 영국은 이집트와 소아시아뿐만 아니라 홍해를 장악한 후 동인도까지 장악하게 될 것입니다. 남아메리카의 국가들은 노예노동과 비옥한 토지로 면화생산을 막대하게 증가시킬 것입니다. 영국은 점점 더 미국 면화를 소외시키고 그들이 과거에 곡물과 양모 생산국들을 곡물법과 양모법으로 통제했던 것처럼 면화법으로 통제하게 될 것입니다.

이러한 조치가 초래하게 될 재앙을 피하려면 적절한 시간 내에 적합한 조치를 미리 취하는 게 좋습니다. 영국의 현 상황을 보면 미국의 면화 없이 직물산업을 유지할 수 없습니다. 영국은 반드시 미국 면화를 구입해야 합니다. 지금부터 직물산업을 육성하고 영국에 면화공급을 차츰 줄이고 국내 직물제조업을 늘려야 합니다. 이러한 정책은 양수겸장일 뿐 아니라 영국 면화시장도 안정화할 수 있습니다. 영국 면화시장의 안정은 다음과 같은 경로로 이루어집니다. 만일 미국이 직물제조업에 뛰어들면 외국에서 영국 직물제조업과 경쟁하는 관계가 됩니다. 이러한 경우 영국이 미국 면화의 수입을 배제하거나 제약을 두게 됩니다. 영국의 면화 가격이 오르게 되고 미국의 직물산업은 자신의 제품을 해외에서 영국보다 싼 가격으로 판매할 수 있습니다. 결국 미국 제조업은 남아메리카 국가들에서 모든 우위를 점유하게 됩니다. 이 조치로 인해 영국은 어떤 쪽도 선택할 수 없는 딜레마에 처하게 됩니다. 그들의 낡은 처방을 따르게 되면 자신의 과잉생산이나 해외정책 어느 쪽으로도 모두 다 실패하는 결과를 초래합니다.

나일스 씨는 미국 농업에 대해 그의 탁월한 에세이에서 잘 설명해 주었습니다. 남부의 면화가 유럽 시장에서 국내시장에서보다 수백 만 달러 손해를 보고 있다고 말입니다. 국내시장은 이미 매년 6천만 파운드의 면화를 소비하고 있습니다. 이 통계 자체는 국내 산업의 반대자들에 의해 의문의 여지가 있다 여겨지고 있습니다만 저는 약간의 이유로 신뢰하고 있습니다.

프랑스의 관세장관 드 상 끄리끄 백작이 진술하는 바에 따르면, 지난 해 프랑스의 소비는 2,000만 킬로그램 혹은 6,400만 파운드였고, 그 전 해의 소비는 2,400만 킬로그램 혹은 4,800만 파운드였습니다.[39] 프랑스의 소비는 일 년에 1,600만 파운드가 증가하였습니다. 프랑스 국민은 1인당 매년 2파운드를 소비한다는 뜻입니다. 그러나 실제로 프랑스의 대부분의 사람은 마직류 셔츠를 입고 있으며 면직류 사용은 미국의 절반도 안 됩니다. 따라서 우리 상황에서 면직류 사용은 최소한 1인당 매년 4파운드를 평균적으로 소비할 수 있고 이것은 수출을 제외하더라도 4,800만 파운드의 물량이 될 것입니다.

저에게 영국의 통계가 없어서 유감입니다. 있었으면 영국의 국내 소비도 추정할 수 있었을 것입니다. 면화의 총수입이 작년에 약 2억 파운드였는데 그중 2/5가 영국에서 소비되었다고 합니다만.

영국 사례를 보면 프랑스의 면화 소비도 향후 10년 이내에 1억 파운드가 되리라 봅니다. 미국도 이와 유사할 것으로 보면 이 물량이란 우리가 현재 영국에 판매하는 것의 2배에 해당합니다. 르아브르 항을 통해 공급되는 독일 내륙과 스위스에서도 면화 소비가 거의 같은 비율로 증가하리라 봅니다. 각 국의 시장이 팽창하는 상황이지만 영국은 미국의 면화 없이 이 시장들에 대한 면직류 공급을 유지할 수 없습니다. 따라서 미국이 면화수출 중 일부를 국내 제조업 육성에 투입하더라도 손해 볼게 없는 상황이며 도리어 모두가 이익을 얻을 수 있습니다.

프랑스는 막강한 해군을 소유하기 힘들며 또 세계를 자신의 제조업으로 도배할 의사도 없습니다. 프랑스는 미국 면화의 가장 안정적이고 확실한 시장입니다. 프랑스가 여타 미국 상품의 수입을 증가시키려는 강력한 이유가 있습니다. 특히 담배, 햄, 돼지기름, 소기름 등인데 미국이 프랑스로부터의 수입을 증가시키려는 적절한 조치만 있다면 가능합니다. 우리나라가 영국과 프랑스를 대해 왔던 진정한 정책이 너무도 오랫동안 잊혀 왔습니다. 미국은 영국과 분리하고 프랑스와 연합함으로써 정치적 독립을 획득했습니다. 그리고 이러한 노선에서, 아니 오직 이 노선에서만 미국은 경제적 독립도 획득할 수 있습니다.

귀하를 존경해 마지않는,

프리드리히 리스트 드림.

제조업 성장은 남부의 각 주에도 유익하다

열두 번째 편지

미국체제는
모든 시민의 이익에 적합하다

1827년 7월 27일 레딩에서

III. 정치경제학은 만민경제학이 아니다 (계속)

친애하는 잉거솔 각하,

앞의 편지에서 저는 곡물생산자와 면화생산자가 공히 제조업의 성장으로 이익을 얻을 수 있다고 말씀드렸습니다. 국가의 성장으로 발생하는 이익은 해운업자나 상인들에게도 동일한 결과를 초래한다는 점도 언급하고 싶습니다. 앞에서 저는 양모와 면화의 소비가 국내 제조업을 발전시킴과 동시에 급증한다는 점을 보여 드렸습니다. 제조업을 위한 원자재와 식량의 국내적 교환 증가가 동일한 비율로 국내 무역, 즉 해안과 하천과 운하의 선적을 늘리게 됩니다. 여기에 제조업 상품 수출의 증가와 수출증가에 따른 수입의 증가가 발생합니다. **아담 스미스 자신이 고백하기를 제조업이 왕성한 공업국가는 가난한 농업국가보다 훨씬 더 많은 외국 상품을 소비하게 된다고 말했습니다.**[40]

영국 사례만 간단히 살펴보아도 어느 논증보다 더 확실하게 이 진실을 알 수 있습니다. 만일 이 나라가 자신의 천연자원으로 외국 상

미국체제는 모든 시민의 이익에 적합하다

품을 교환한다면 현재의 상업이나 해운업이 유지될 수 있겠습니까? 그리고 지금은 또 어떠합니까? 영국의 해외무역량은 국내무역량에 비해 10배가 넘습니다. 영국의 무역선박 톤수는 영국의 국내 해안과 하천과 운하 통행선의 톤 수와 비교할 수 없을 정도로 큽니다. 이래도 영국의 해외무역과 해운업이 영국의 제조업에 기초하고 있음을 부인할 수 있겠습니까? 한 마디로 말해서 미국이 영국 수준의 해운업과 상업과 해군력을 갖추려면 같은 수준의 제조업이 있어야 합니다.

현재의 야단법석이 발생한 이유는 무엇입니까? 왜 해운업자와 면화농장주들로부터 불만이 나타납니까? 왜 혼란스런 모임과 난폭한 연설과 통렬한 건배사들이 난무합니까? 참으로 보기에 안다까운 일은 자신의 젊은이들에게 원칙과 이성과 법률을 가르쳐야 할 분들이 국민들과 만나는 자리에서 가장 난폭한 용어 즉 "남부 유니언의 이익"이라는 용어를 사용한다는 점입니다.[41]

"제우스, 당신은 언제든지 벼락을 칠 자세를 취하고 있군요. 당신이 잘못입니다!"라고 말할 수 있습니다. 이 나라는 이성과 원칙의 나라이지, 공포와 위협의 나라가 아닙니다. 이 나라는 세 겹의 이성으로 둘러싸여 있어서 당신의 이성을 뒷받침해 줍니다. 이 나라를 세운 국부들이 그의 자녀들에게 말한 것이 엊그제인데 어떻게 그런 말이 나올 수 있습니까?[42] 정녕 면화농장주들이 풍요로 흥청거리는 반면에 제조업자들은 지원해 주는 이가 없어 소멸되어야 합니까? 정녕 펜실바니아의 농부들이 그의 자산을 법원경매자의 방망이 아래에 두어야 한단 말입니까? 아닙니다. 그러한 말은 지난날 연방 의회의 실책으로 말미암아 풍요로움에서 가난으로 추락당해야 했던 사람들에게서조차 나온 일이 없습니다.

지금 무엇 때문에 면화농장주들이 불평하는 걸까요? 그들의 궁핍은 그들의 면화 과잉생산 때문입니다. 왜 제조업의 성장을 두려워하는 걸까요? 아무 것도 두려워할 게 없습니다. 도리어 그들을 궁핍에서 탈출시켜 줍니다. 무한한 시간 동안 면화를 위한 확실하고 우호적인 시장을 공급해 주기 때문입니다. 면화농장주들과 해운업자들은 오로지 그러한 결과를 초래할 방법에 대해 반대할 수는 있겠습니다. 그러나 그것은 자신들의 진정한 이익을 파악하지 못하고 험한 세상에서 살아남은 방법에 대해 잘못 파악하는 경우일 것입니다.

그러므로 지나치게 감정적으로 반대하는 것은 좋지 않습니다. 오로지 수면에서만 출렁일 뿐입니다. 멀지 않아 남부농장주들 대부분도 우리와 뜻을 함께 할 것입니다. 나라의 복지가 아니라 나라의 폭력을 선동하는 자들은 가만 내버려 둡시다. 미국체계를 채택하는 경우 영국과의 거래로 이익을 얻는 중개상인만 제외하면 어떤 계층도 손해를 보지 않습니다. 이번 회기에 보면 이 미국체계가 남부 유니언에 불리하다는 공격이 있습니다. 영국의 선전포고에 대한 두려움을 동원하는 것입니다. 그러나 사성이 그러하지 않을 경우 남부 유니언의 이익이 도리어 침해를 받을 것입니다.

귀하를 존경해 마지않는,
프리드리히 리스트 드림.

부 록

펜실바니아공업진흥협회
결의문

1827년 11월 21일

우리 협회는 지금까지 진정한 정치경제학 원리의 부족으로 말미암아 미국의 위대하고 중요한 국익이 현저하게 훼손되었음을 직시하고 이를 위해 미국체계의 적들이 방대한 노력을 기울여 스미스와 세이 및 기타 추종자들의 주장을 끊임없이 출판하고 전파해 왔음을 이해한다. 이들의 주장은 만민경제학이라 부르는 추상적 규칙들로서 우리의 경험에 따르면 현실세계에 적합하지 않은 주장에 불과했다.

프리드리히 리스트 교수는 정치경제학에 있어서 풍부한 지식의 소유자로서 새롭고 근본적인 원칙을 제시해 주었다. 이 원칙들로 말미암아 지금까지 과학을 빙자하던 모든 오류와 편견을 제거할 수 있었으며 누구나 간단하고 쉽게 현실을 이해할 수 있게 되었다. 이에 우리 협회는 리스트 교수의 견해가 출간될 뿐만 아니라 이 새롭고 근본적인 정치경제학이 학교에서의 교육에 적용되고 문서로 출판되기를 기원한다.

이로써 우리 협회는 **다음과 같이 결의한다.** 리스트 교수가 빠른 시일 내에 학교에서 사용할 수 있는 교과서를 발간하기를 촉구한다. 특히 미국의 사정을 정확하게 분석하는 정교한 논문들이 나타나기를 기원한다.

우리 협회는 **다음과 같이 결의한다.** 위에서 언급한 리스트 교수가 미국의 연방의회나 펜실바니아 주 의회, 여타 주 의회, 대학교, 공공세미나 등에서 발언할 수 있도록 지원하고 우리 동료들은 리스트 교수가 이러한 교육에 종사할 수 있도록 모든 지원을 아끼지 않는다.

우리 협회는 **다음과 같이 결의한다.** 리스트 교수의 발간물이 있을 시에 매번 50부씩을 구입하고 우리가 가진 모든 힘을 다해, 개인으로든, 집단으로든 그의 발간물을 구입하도록 노력하며 리스트 교수가 이런 놀라운 작업을 할 수 있도록 모든 방식의 지원을 아끼지 않는다.[43]

리스트 연표

1789
뷔템베르크의 로이트링겐에서 출생(8월 6일)
알렉산더 해밀턴이 미국 재무장관으로 취임
프랑스대혁명 시작

1790
아담 스미스 사망

1804
가죽글로브를 만드는 가죽가공업자 수련을 시작

1806
블라우보이렌에서 서기로 취직(1812년까지)

1809
뷔템베르크 재무부 관리시험에 합격
메테르니히가 오스트리아 재상으로 취임(1848년까지)

1811
튀빙겐에서 법학 수학(1813년까지), 후에 뷔템베르크 내무장관이 되는
칼 오거스트 폰 방겐하임과 친교를 수립

1816

『뷔템베르크사(*Württemberg Archive*)』를 저술

뷔템베르크 헌법투쟁에 참여(1820년까지)

1817

튀빙겐대학의 국가행정학 교수로 취임(1819년까지)

1818

캐롤라인 니하르트와 결혼

"슈바벤인민형제단(Volksfreund aus Schwaben)"에 참여

칼 마르크스 출생

1819

프랑크푸르트 암마인에서 독일상공회의소 창립 주도(4월 18일)

독일 내 관세철폐 체계 수립 제안서 발표

뷔템베르크 관료직 사임

뷔템베르크의회 의원에 선출. 뷔템베르크 정부가 선거무효 선언

모든 자유주의와 민족주의적 활동을 제한하는 칼스바드 포고령 발표

1820

다름스타트에서 남독일관세동맹 수립을 제안

"로이트링겐 청원(Reutlingen Petition)" 발표

1821

"로이트링겐 청원" 때문에 기소되고 뷔템베르크의회에서 추방

1822

국가반역죄로 10개월 강제노동형 선고 받음

프랑스 스트라스부르크로 도주

프랑스에서도 추방되어 스위스 바젤로 감(1824년까지)

1823

파리에서 라파예트 후작 등과 교류함

1824

귀국 후 스투트가르트에서 체포되어 호헨나스페르그에 감금됨

1825

요한 프리드리히 코타의 중재하에 뷔템베르크 시민권을 포기하고 미국
으로 망명하는 조건으로 석방됨

가족과 함께 미국으로 망명

국빈방문 중인 라파예트 후작의 안내로 미국을 여행하며 저명인사들과
교류

펜실바니아의 해리스버그에서 농장 구입

1826

펜실바니아의 레딩에 정착하고 『레딩거 아들러(Readinger Adler)』지의 편집
장이 됨

1827

『미국정치경제론(*Outlines of American Political Economy*)』을 저술

1828

리스트의 『북미리포트(*Mitteilungen aus Nordamerika*)』가 요한 베버와 언스트 아르놀디에 의해 출간됨

"리틀 슐킬 철도회사(Little Schuylkill Railway)"의 지배인으로 취임

1830

미국 시민이 됨

앤드류 잭슨 대통령의 제안으로 주함부르크 미국영사가 되었으나 함부르크가 신임장 제정을 거부

1831

미국상원도 리스트의 함부르크 영사 인준을 거부하여 미국으로 귀환

"리틀 슐킬 철도"(34킬로미터)가 펜실바니아에서 개통

1833

주라이프치히 미국영사로 취임

메테르니히가 리스트의 미국영사 취임을 방해함

"작센지역의 철도네트워크에 대하여(*Über ein sächsisches Eisenbahnnetz*)"를 발표

작센공 안톤에게 정책 브리핑, 작센이 철도건설과 독일관세동맹에 참여함

1934

독일관세동맹 성립(1월 1일)

『내셔널 매거진(*Nationalmagazin*)』 출판을 주도

라파예트 후작 별세

1835

『철도저널(*Railway Journal*)』 출판을 주도

라이프지히-드레스덴 철도 건설에 참여

1837

미국영사직을 포기하고 라이프지히를 떠남

파리에서 『정치경제학의 자연적 체계(*Das Natürliche System der politischen Ökonomie*)』를 저술

1839

파리에서 『정치경제학의 민족적 체계(*National System der politischen Ökonomie*)』 저술을 시작, 아우구스부르그 알게마이네 차이퉁지에 독일관세동맹을 반대하는 영국의 시도를 비판하는 시리즈물을 연재

라이프지히-드레스덴 철도 개통

1840

『민족의 산업생산력이 가지는 본질과 가치에 대하여(*Über Wesen und Wert einer nationalen Gewerbeproduktivekraft*)』를 출간

예나대학에서 명예박사학위를 받음

1841

아우구스부르그로 이주

바바리아의 루드비히 1세에게 자문해 줌

『정치경제학의 민족적 체계(*Das Nationale System der politischen Ökonomie*)』
를 출간, 18개월 동안 3쇄가 인쇄됨

『라인신문(*Neuen Rheinischen Zeitung*)』지의 편집장으로 초청받았으나 고
사, 칼 마르크스가 대신 취임함

헝가리 학술원이 리스트에게 명예훈장 수여

뷔템베르크에서 사면령을 얻음

1842

"독일관세동맹지(*Zollvereinblatt*)"를 설립

1846

런던을 방문하여 알버트 왕자 등과 교류

"대영제국과 독일 동맹의 가치와 조건에 대하여(*Über den Wert und die
Bedingungen einer Allianz zwischen Großbritannien und Deutschland*)"를 발표
하고 영국과 프러시아 양측에 제출했으나 거절당함

건강이 악화되어 남독일 지역을 여행

11월 30일 쿠프스타인에서 사망함

사망원인이 모호하나 자살로 결론지음

해제

프리드리히 리스트의 『미국정치경제론』은 근대정치경제학의 3대 패러
다임 중 하나인 민족주의 정치경제학의 기초를 보여 주는 대표적 저
술이다. 아담 스미스의 자유주의, 칼 마르크스의 사회주의와 함께 프
리드리히 리스트의 민족주의는 근대 세계의 사고방식을 결정한 매우
중요한 패러다임이며 이러한 점에서 민족주의론의 기초가 되는 『미국
정치경제론』 또한 인류가 반드시 고찰해야 할 문서 중 하나이다.

　이 책 이후 1837년에 쓴 『정치경제학의 자연적 체계』는 민족주의
정치경제학을 보다 체계적으로 이론화하는 작업이었다. 만민주의이론
비판, 생산력이론, 산업정책론, 역사적 사례 연구 등이 포함된 35개의
장이 체계적으로 전개되어 있다. 6주에 걸쳐 독일어로 먼저 쓰고 딸과
함께 프랑스어로 번역하여 제출한 논문이었다. 27편의 응모논문 가
운데 3편의 우수논문 중 하나로 선정되었지만 수상작에 선정되지는
못했다.

이 책의 최종판격인 『정치경제학의 민족적 체계』는 1841년에 발간되었는데 지금까지의 연구 결과들을 총망라한 리스트의 대표작이다. 프랑스학술원 공모논문의 실패 직후 리스트는 이 문제를 다룰 보다 체계적인 저작을 기획했었다. 그러나 그는 그때 이미 독일관세동맹과 독일철도건설 캠페인에 깊숙이 개입하고 있었기 때문에 저술에 몰두할 기회를 확보하기 어려웠고 3년의 세월이 흘렀다. 1841년 4월에 발간된 이 책은 역사와 이론, 체계, 정책을 다룬 4권의 책으로 구성되어 있다. 출간되자마자 크게 호평을 얻어서 곧 판수를 거듭하게 되었다. 또한 헝가리(1843)를 필두로 프랑스(1851), 영국(1855), 미국(1856), 스웨덴(1888), 일본(1889), 러시아(1891), 중국(1927) 등에서 번역본이 출간되었다. 한국에서는 1983년에 『국민경제학』이라는 이름으로 단국대출판부에서 출간되었다.[1]

리스트의 미국 이주

프리드리히 리스트는 1789년 8월 6일 독일 뷔템베르크 공국의 로이트링겐에서 가죽세공업자의 2남 8녀 중 차남으로 태어났다. 20세에 뷔템베르크 재무부 관리시험에 합격한 이후 군감찰관, 내무부지방행정국회계참사 등의 요직을 거쳐 1817년에 튀빙겐대학의 국가행정학 교수로 취임했다. 이 시기는 프랑스대혁명, 프랑스의 독일 침공, 신성로마제국 해체, 라인연방 결성, 대륙봉쇄령 등이 연이은 격동의 기간

---

1) 프리드리히 리스트 저/이주성 역 『국민경제학』 (서울: 단국대출판부, 1983). 이 번역본은 아쉽게도 여러 가지 결함 때문에 읽기가 어렵다. 앞으로 새로운 번역본이 나타나기를 기대한다.

이었다. 같은 뷔템베르크 출신의 헤겔이 그러했던 것처럼 독일 젊은이들 사이에서는 자유주의와 민족주의가 대세였으며 젊은 리스트도 이러한 흐름에 적극 동참하고 있었다.

리스트의 관료 경험은 리스트로 하여금 현실적이고 대안중심적인 태도를 갖게 만들었다. 인권의 보장과 시민적 자유를 명시한 뷔템베르크 헌법 투쟁 참여와 개혁내각의 시정개혁안 제출, 독일상공회의소 창립과 독일관세동맹 체결 제안 등 독일민족의 균형성장을 추구하는 각종 초기 제안들을 만들어 내게 되었다. 그러나 리스트의 민족주의적 활동은 봉건제국의 틀 안에서 기득권을 유지하려는 독일 봉건군주들에게는 위협적일 수밖에 없었다. 유럽의 반동보수세력을 대표하는 오스트리아의 메테르니히가 리스트를 "가장 적극적이고 가장 교활하고 가장 영향력 있는 혁명가"라고 규정할 정도였다.[2] 칼스바드 포고령 이후 리스트는 마침내 교수직에서 해임되었다. 가장 첨예한 충돌은 1821년에 리스트가 뷔템베르크의회 의원으로서 공국 관료들을 신랄하게 비판하고 민주적 체제 수립을 요청하는 "로이트링겐 청원"을 제출할 때 발생했다. 뷔템베르크공국은 리스트를 반역죄로 기소했고 연이어 의회 추방과 10개월 강제노동형이 선고되었으나 리스트는 해외망명을 선택했다.

---

2) Margaret Hirst, *Life of Friedrich List And Selections From His Writings* (London: Smith, Elder & Co., 1909) 81쪽.

해외망명 과정에서 리스트는 자신의 세계관을 넓힐 수 있는 기회를 얻게 되었다. 프랑스의 스트라스부르와 스위스의 바젤 등에서 유럽 각지에서 온 자유주의 망명객들과 만나며 인적·사상적 교류를 넓히게 되었다. 특히 미국독립과 프랑스대혁명에 주도적으로 참여했던 라파예트 후작이 이 젊은 독일망명가를 애틋하게 생각해 후원하게 되었다는 점이 리스트의 생애에서 가장 중요한 변수가 되었다.[3] 망명 생활의 괴로움을 견디다 못해 리스트가 귀국하자 뷔템베르크공국은 즉시 그를 체포하여 호헨나스페르그 감옥에 감금하였다. 그러나 리스트가 반정부 영웅이 될 것을 두려워한 정부당국의 우려와 리스트 석방을 탄원하는 국내외의 요구가 일치하여 리스트를 해외로 영구 추방하는 방안이 논의되었다. 이 때 라파예트 후작이 제시한 미국 국빈 방문 동행 제안은 리스트의 삶을 이끈 큰 구명줄이었다.

1825년부터 리스트는 가족과 함께 미국 생활을 시작했다. 먼저 출발한 라파예트 후작의 국빈방문에 합류하여 미국 내 저명인사들과 교류를 갖게 된 것이 리스트에게 새로운 기회를 가져다주었다. 대통령인 퀸시 아담스를 비롯하여 매튜 캐리, 찰스 잉거솔, 헨리 클레이

---

3) 누가 리스트를 라파예트 후작에게 소개했느냐에 대해 서로 다른 견해들이 있다. 헨더슨은 Karl Follen, 벤더는 프랑스 철학교수 Victor Cousin, 리비히는 Johann Cotta의 역할을 강조하고 있다. W. O. Henderson, *Friedrich List: Economist and Visionary*, 1789–1846 (London: Frank Cass, 1983), 63쪽; Eugen Wendler, *Friedrich List (1789-1846): Ein Ökonom mit Weitblick und sozialer Verantwortung*. (Reutlingen: Springer Gabler, 2013), 118쪽; Friedrich List, *Outlines of American Political Economy*. With a Commentary by Michael Liebig. (Ulm: Ebner, 1996), 159쪽.

등이 향후 리스트와 뜻을 함께하는 미국 내 후원자로 활동하게 되었다. 미국 정착 초기 농장운영에 실패한 리스트는 언론활동으로 눈길을 돌렸다. 독일이민이 주류인 필라델피아의 레딩시에서 발간하는 『레딩어 아들러(Readinger Adler)』지 편집장을 맡아 활약하게 되었다.

미국이주는 리스트에게 균형성장을 향한 민족주의적 사고를 개화하는 중요한 계기가 되었다. 리스트가 도착하기 이전에 이미 미국의 민족주의자들은 "미국체계파(American System)"라는 주요 세력으로 성장하고 있었다.[4] 미국 민족주의자들의 눈에는 미국이 독립한 지 50여 년이 지났지만 경제적으로는 여전히 영국 의존이 심한 나라였다. 미국의 경제적 번영과 자주독립을 보장하기 위하여 제조업 장려의 보호무역을 추진해야 한다는 의견이 대두되었다. 특히 1819년의 경제공황 이후 수년간의 논쟁 끝에 관세인상 법안이 1824년 마침내 통과되었다. 자유무역으로 이익을 보장받으려는 남부 농장주 세력과의 갈등이 점차 증가하고 있었다. 리스트는 이미 독일에서 민족국가의 균형발전이라는 비전을 발전시키고 있었으므로 미국체계파의 논리에 쉽게 합류할 수 있었다.

『미국정치경제론』의 저술 배경

『미국정치경제론』은 미국체계파에게 미국 민족주의의 이론적 기반

---

4) 이균 (2008), 277쪽.

을 제공하는 목표로 저술된 서간문이다. 당시 미국체계파를 대변하는 세력 중 하나인 펜실바니아공업진흥협회는 1827년 7월에 해리스버그 대회를 개최하였다. 리스트는 이미 아들러지에서 관세문제에 관한 논쟁을 진행하고 있었으므로 이 대회를 앞두고 자신의 미국 후원자 중 하나인 잉거솔에게 이 문제를 다루는 12편의 서한을 17일에 걸쳐 보냈다. 미국의 균형발전을 향한 리스트의 설득력 있는 논증으로 인해 잉거솔은 이 편지들을 필라델피아의『데일리 내셔널 가제트(*Daily National Gazette*)』지로 보내어 출판하도록 권유하였다. 가제트지는 이 편지의 전문을 "미국체계(American System)"라는 제목으로 네 달에 걸쳐 연재하였는데 50개 이상의 지방지에 전재되는 등 큰 반향을 불러일으켰다.

『미국정치경제론』은 리스트가 시도한 민족주의 정치경제학 3부작의 첫 번째로서 초기 저술의 특징을 잘 나타내고 있다. 앞으로 전개될 『정치경제학의 자연적 체계』와 『정치경제학의 민족적 체계』를 구성할 주요 사상들이 초기적 형태로 잘 기술되어 있다. 상대적으로 짧은 저술이기 때문에 많은 생략과 도약이 있지만 뒤의 두 저술과 대조해 보면 그의 기본적 사상은 일관성 있게 진행되고 있음을 잘 알 수 있다. 라파예트가 걱정하고 리스트 자신도 인정하는 바로서 영어 문장에 적

---

5) 라파예트는 브랜디와인호 선상에서 보낸 편지에서 리스트가 "몇 가지 과제들을 해결하기 전에는, 예컨대 영어능력이라든지, 미국에서 활동하시기에 썩 좋은 상황은 아닙니다"라고 걱정해 주고 있다. 리스트도 잉거솔에게 보낸 첫 번째 편지 말미에서 "죄송한 것은 저의 짧은 영어 실력 때문에 저의 견해를 보다 정확하고 우아하게 표현하지 못하고 있다는 점입니다"라고 고백하고 있다.

지 않은 어려움이 있었다.[5] 독일어 구문을 차용한 영어 표현으로 문단이 끊기고 연결이 잘 되지 않는 부분이 많이 나타나고 있다. 그러나 전반적으로 리스트가 주장하려는 바가 충분히 개진되어 있으며 이는 1827년 11월 21일에 결의한 펜실바니아공업진흥협회의 결의문에서 나타는 리스트에 대한 찬사와 감사의 내용을 통해 잘 증명되고 있다.

이 편지들은 펜실바니아공업진흥협회의 위촉으로 사무엘 파커가 편집하여 1827년 12월에 『미국정치경제론(*Outline of American Political Economy*)』이라는 제목으로 출간되었다. 제1신부터 제8신까지의 1부와 제9신부터 제11신까지의 2부로 나뉘어져 있고 제12신은 여기에 포함되어 있지 않았다.[6]

리스트 이론에 대한 미국체계파(American System)의 영향은 저술 동기에서뿐만 아니라 저술 내용에서도 잘 나타나고 있다. 미국체계파란 독립전쟁 이후 미국의 독립과 자유를 열망하는 미국 민족주의자들을 지칭한다. 알렉산더 해밀턴을 비롯하여 매튜 캐리, 존 퀸시 아담스, 다니엘 레이몬드 등이 이러한 운동의 선두에 서 있었다. 특히 미국 재무장관을 역임한 해밀턴은 미 의회에 제출한 여러 가지 보고서에서 사회간접자본 확충, 제조업 장려, 국립은행 설립, 보호관세 책정, 수

---

6) 리스트는 제12장이 편집에서 제외된 이유가 "이 장 때문에 우리의 전체 작업을 무효화할 수 있다는 정치적 성격" 때문이라고 서술하고 있다. Eugen Wendler, *Friedrich List (1789-1846): Ein Ökonom mit Weitblick und sozialer Verantwortung*. (Reutlingen: Springer Gabler, 2013), 151쪽.

출보조금 지출, 천연자원 통제 등 국가의 역할을 적극 주장하였다.[7] 그의 주장에 따르면 이러한 균형발전 전략은 무역, 안보, 복지, 통합 등의 여러 영역에서 긍정적인 효과를 초래한다는 것이었다.

각 편지의 핵심적 논의

12개의 편지는 크게 두 파트로 나누어져 있다. 1신에서 4신까지는 "친애하는 잉거솔 각하에게"로 시작되는 독립적 논쟁들이다. 5신에서 12신까지는 민족정치경제를 체계적으로 논하는 부분으로 보다 이론적이고 체계적이다. 편지쓰기를 진행하면서 리스트의 사고가 보다 심화되고 있음을 보여 준다. 그러나 서간문이라는 성격상 논의는 매우 제한적이었고 결국 향후의 보다 체계적인 연구 출판을 약속하면서 종료하는 모습을 보여 주고 있다.

이 번역판에서는 독자의 편의를 위해 각각의 주제를 부각시킨 제목을 제시하고 있다.

첫 번째 편지의 주제는 자유무역이론의 근본적인 오류이다. 이 편지에서 리스트는 아담 스미스와 장 밥티스트 세이가 대표하는 자유주의이론이 몰역사적이고 추상적인 이론 구조로 인해 얼마나 큰 해악

---

7) Alexander Hamilton, *Report on the Subject of Manufactures, December 5, 1791.* (Philadelphia: William Brown, 1827). 물론 리스트 이론에 대한 미국체계파의 영향을 과도하게 강조할 수는 없다. 아담 스미스의 자유주의에 대한 리스트의 비판은 도미 이전에 이미 체계가 잡혀져 있었고 캐리나 레이몬드와의 관계도 그다지 긴밀했다고 보기는 어렵다. 이균 (2008), 288-292쪽 참조.

을 가져오는지를 설파하고 있다. 특히 분석 단위의 실패문제가 현저하다는 지적이었다. 리스트에 따르면 정치경제학의 분석 단위는 개인, 민족, 인류로 나뉘어져 있다. 각 단위에 적용되는 논리가 각기 다르고 다를 수밖에 없다. 그러나 아담 스미스는 이를 무시했다. 아담 스미스의 실수는 이러한 보편적 원칙들이 인류가 각 민족공동체로 분화될 때에 중대한 수정이 발생한다는 것을 빠뜨린 점에 있다. 각 단위를 중심으로 하는 정치경제학의 목적을 보면 이 차이가 확연하다. 개인경제학은 개인의 이익을, 민족경제학은 국가의 이익을, 인류경제학은 인류 보편의 이익을 추구하게 된다는 점이다. 정치를 정치경제학에서 삭제하려는 시도는 바람직하지 못하며 진정한 정치경제학은 민족경제학일 수밖에 없다는 주장이다.

두 번째 편지의 주제는 영국체제와 미국체제의 차이이다. 이 편지야말로 왜 미국이 독립적인 정치경제학을 추구해야 하는지를 가장 설득력 있게 서술한 편지라 할 수 있다. 이 편지에서 리스트는 스미스의 이론을 만민경제학이라 지칭하고 이를 정치경제학과 구분하고 있다. 만민경제학은 국가와 국부와 국익 및 권력에 대한 이해가 취약하기 때문에 현실과는 동떨어진 정책을 제안할 수밖에 없는 점을 지적했다. 이 논리를 더욱 명료하게 증명하기 위해 리스트는 자국의 해군물자 수송을 해외상선에 맡겨야 한다든지, 미국군의 화약을 영국에서 사오는 게 좋다고 하는 스미스 추종자들의 궤변을 예로 들고 있다. 매개의 변증법에 빠진 학문과 역사적 사실에 기초한 상식의 경쟁이라는 것이다.

세 번째 편지의 주제는 자유무역이론의 정치적 동기이다. 리스트는 어떤 이론이 해당 사회에서 지배적이 되는 이유는 단순히 그 이론의 설득력 때문만이 아니라 그 이론을 국익에 활용하고자 하는 정치적 동기가 있음을 지적하고 있다. 리스트는 대표적 사례로 영국의 국익을 위해 자의적으로 스미스 이론을 강조하는 캐닝의 정치적 술수를 다루고 있다. "스미스 이론의 국제적 헤게모니"가 영국의 세계지배를 위한 전략의 하나임을 지적하고 있다. 국제적 패권과 패권적 이론의 상관관계를 잘 다루고 있다.

네 번째 편지의 주제는 국가가 갖추어야 할 세 종류의 생산력이다. 리스트는 스미스의 이론이 물질자본으로 국부를 환원하는 물질환원주의에 빠져 있다고 비판하고 있다. 정치경제학의 목적은 국력의 증대이며 여기에는 물질자본뿐만 아니라 정신자본과 자연자본도 매우 중요하다. 리스트는 "조나단 형제"로 지칭하는 미국농부의 예를 들어 이 세 가지 자본이 어떻게 조화를 이루어야 농부의 발전이 가능한지를 보여 주고 있다. 국가의 균형발전이 매우 중요하다는 사실과 균형발전이 없이는 자주적인 국력의 소유도 어렵다는 사실을 잘 논증하고 있다.

더욱이 경이로운 일은 보호무역으로 인해 나타나는 독점의 발생에 대한 리스트의 폭넓은 관찰에 있다. 관세부과로 인해 국내제조업의 독점 현상이 발생할 것이라는 자유주의자들의 주장은 미국 사회의 특수성으로 인해 진실이 될 수 없다. 유럽에서 나타나는 보호주의적 독점은 대체로 생산기술의 배타성 때문이다. 미국처럼 각종 지식과 천연자원이 풍요한 나라 즉 정신자본과 자연자본이 풍부한 나라에서는 도리어 보호관세로 인한 수익성 보장이 활발한 제조업 참여를 불러일으킬 것이라는 주장이다. 이러한 균형발전 정책으로 인해 미국의 프런티어가 태평양으로까지 이어질 것이라고 예언하고 있다.

다섯 번째 편지는 모든 국가가 각자 고유한 정치경제를 가지고 있다는 주제로 전개되고 있다. 모든 국가의 문화, 위치, 자연환경, 인구가 각각 다르기 때문에 각자에 알맞은 정치경제학과 정책이 필요하다는 점을 논증하는 글이다. 예컨대 인구의 증가는 미국에게 좋을 수 있으나 인도와 중국에는 좋지 않다. 법률가는 미국의 경우에 생산력 증강에 도움이 되지만 스페인에 있어서는 귀족들의 착취를 돕는 도구이다. 이러한 사례들을 노동, 무역제한, 제조업 보호, 운하와 철도, 기계의 발명, 소비, 절약, 자본 수입 등의 요인에 맞추어 비교분석하고 있다.

리스트의 국가적 다양성에 대한 서술이 자칫 인종주의에 의한 차별의식으로 보일 수 있다. 특히 스페인과 기타 후진국에 대한 서술이 매우 신랄하다는 점에서 그러하다. 그러나 리스트의 분석을 자세히 보면 그는 "차별"이 아니라 "다름"에 대해 논하고 있음을 알 수 있다. 특히 자유로운 체제와 권위주의적 체제의 상대적 효율성을 강조하고 있다. 모든 국가가 각자의 고유한 정치경제를 가지고 있다는 점이 모두 평등하게 효율적이라는 뜻이 아니다. 보다 과학적이고 보다 자유로울수록 보다 풍요한 사회를 가질 기회가 많다는 점이 리스트 분석의 전반에 깔려 있다.

여섯 번째 편지는 개인경제와 정치경제는 같지 않다는 사실을 다루고 있다. 여기에서의 정치경제는 앞에서 논의한 민족경제를 지칭하고 있다. 목적이 다르고 적용되는 범위가 다르며 실행되는 논리도 다르다. 자유방임의 원칙은 개인 이익과 국가 이익이 충돌하지 않을 때만 가능하며 모든 것에 자유방임을 실천하는 국가는 자살하려는 거나 마찬가지라는 점을 지적하고 있다. 국가의 개입은 민족경제의 유지에 필수적이다. 스미스의 자유주의 논리에 압도된 나머지 국가를 단지 "문법적 존재"로 간주하고 있는 쿠퍼에 대한 비판이 잘 제시되어 있다.

일곱 번째 편지의 주제는 정치경제학과 만민경제학이 같지 않다는 사실이다. 여기에서 만민경제학은 첫 번째 편지에서 언급한 아담 스미스류의 경제학을 냉소적으로 표현하는 용어이다. 두 번째 편지에서 이미 제시된 개념이며 차후의 저술에서는 개인경제학도 포함하여 사용되고 있다. 만민경제학의 논리들이 보편적 법률하에서 모든 인류가 한 가족이 되는 지구공동체를 전제로 하는 반면에 현실 세계는 주권을 가진 민족국가들로 분할되어 있다는 점을 상기시키고 있다. 자유무역이란 이상에 불과하며 현실 국제체제에서 국가의 자기보존능력이 없이는 자유무역 자체가 불가능하다. 여기에서는 미국이 1805년에 겪었던 튀니지 사태가 사례로 제시되고 있다. 전국시대에 장의(張儀)가 제민왕(齊湣王)에게 제나라 자신의 역사적 사례를 들어 부국강병의 연횡책을 설득한 것과 매우 유사하다. 또한 전쟁과 약탈의 상황뿐만 아니라 벤처산업의 초기비용을 위한 국가적 개입의 필요성이 제시되어 있다.

여덟 번째 편지는 보호무역조치가 필요한 이유를 다루고 있다. 미국이 제조업 육성을 위해 일시적으로 보호무역조치를 취해야 하는 이유는 첫째 기업경쟁력 지원, 둘째 선점적 투자의 필요성, 셋째 내수와 무역의 균형 유지, 넷째 기업의 안정성 확보라고 설명하고 있다. 특히 기업의 안정성은 국력의 안정성과 직결된다. 스미스는 영국의 번영이 영국 헌법과 기업정신과 국민성 때문이라 말하고 있지만 리스트가 보기에 영국의 번영은 영국의 산업을 외국의 침략이나 국제경쟁으로부터 국가적으로 보호한 결과이다. 이 편지에서 언급하지 않았지만 향후 "사다리 걷어차기(die Leiter werfen)"라는 개념으로 발전하게 된 주제이다.

아홉 번째 편지의 주제는 영국 외교정책의 정치경제학이다. 리스트가 제시하는 현실주의적 분석의 장점이 극명하게 나타나고 있다. 피트나 캐닝이나 허스키슨은 스스로를 아담 스미스의 추종자라고 말하며 유럽 국가들을 방문할 때에 자유주의의 사도처럼 처신하고 있지만 실제로 행한 일은 영국의 국익을 위한 잔인한 조작과 정략이었다. "캐닝 씨는 고상하고, 감수성이 풍부하고, 자유를 사랑하는 사람"이지만 "스페인이 전제정치, 무질서, 그리고 외국침략과 점령에 고통당하도록 밀어 대고 있다." "목표는 라틴아메리카의 공화국들을 독립시키는 것"이며 이는 "영국에게 방대한 해외시장을 공급할 수 있기" 때문이다. 프랑스의 스페인 침공을 영국이 묵인해 준 것에 대해 영국의회가 힐난하자 캐닝 자신이 의회에서 실토한 사실이다. 라인홀드 니버가 지적한 바처럼 "도덕적 개인과 비도덕적 사회"의 정치경제학을 명료하게 보여 주고 있다.[8]

리스트의 현실주의적 접근은 캐닝의 속임수를 도덕적으로 비난하기보다 영국 수상으로서 충분히 이해할 수 있는 태도라고 보는 데서 잘 드러나고 있다. 영국의 목적은 영국의 패권 유지이며 이를 위해 영국의 제조업과 군사력이 경쟁국가들보다 우위에 서야 한다. "이러한 목적을 달성하기 위해 다양한 환경에 따라 다양한 전략을 구사한다." 자유의 고취와 억압이, 노예무역의 금지와 허용이, 부패의 근절과 장려가 동시에 추구되고 있다. 영국 수상이 자신의 만민주의적 이론을 위해 국가이익을 희생하지 않을 것은 상식이다. 신자유주의 이론을 맹목적으로 추종하다가 국가부도 사태를 초래한 한국의 경제 관료들과 그들을 부추긴 경제학자들이 크게 각성해야 할 점이기도 하다.

---

8) Reinhold Niebuhr, *Moral Man and Immoral Society* (New York: Charles Scribner's Sons, 1960).

리스트는 그의 현실주의적 접근으로 캐닝의 정책에 대한 저항과 비판보다는 캐닝의 정책을 활용하는 방안을 강조하고 있다. 미국인들에 대한 리스트의 충고는 다음 세 가지이다. 첫째는 미국의 국가이익에 부합하지 않는 만민경제학적 사고를 버리고 미국정치경제학을 확립해야 한다는 점이다. 둘째는 하루빨리 제조업을 육성하여 영국이 개방시켜 놓은 라틴아메리카 시장에 적극 참여해야 한다는 점이다. 셋째는 자신의 이익을 극대화하기 위해 영국의 정책에 동조하는 무역상, 해운업자 그리고 남부농장주들의 주장을 최대한 견제해야 한다는 점이다. 이러한 조치들이 시급한 이유는 국제적 무정부성하에서 나타나는 국력의 상대성 때문이라는 게 리스트의 간곡한 충고이다. 바로 지금 한국이 경청해야 하는 충고들이다.

열 번째 편지에서는 미국이 영국 제조업에 의지하면 안 되는 이유를 분석하고 있다. 모든 정치경제학적 차원은 연결되어 있다. 내수와 무역, 자본, 노동, 금융, 토지는 국가의 법 체제, 자주성, 국가안보 등과 긴밀하게 연결되어 있다. 미국이 농업제품에 특화하고 영국의 공산품을 수입하는 구조를 고착시킨다면 미국의 법 체제, 자주성, 국가안보는 심각하게 훼손되고 말 것이다. 독립 이후에 발생한 금융위기를 리스트는 당시의 자유주의자들과 달리 해석하고 있다. 자유주의자들은 이 재난이 은행투기 때문이라고 말하지만 진실은 국가적 균형이 깨졌기 때문이다. 이는 은행업이 발달되지 않은 독일에서도 동일한 상황이 전개되는 사실로 증명된다. 향후 "정상국가(normalmäßige

Staat)"라고 제시되는 논증의 기초가 이 편지에서 전개되고 있다.

자유주의 이론에 대한 리스트의 공격은 특히 토지 문제에서 보다 명료하며 냉소에 가득 차 있다. 리스트는 아담 스미스가 토지 문제를 올바로 다루지 못했음을 지적하고 있다. 스미스는 토지의 시장매매가 불가능한 신분제 사회에서 살았다. 따라서 토지가격이 아니라 지대에만 관심을 쏟았다. 프랑스의 세이는 토지매매가 활발한 사회에서 살았지만 스미스를 추종하기 위해 의도적으로 이 문제를 빠뜨렸다. "약간의 예외를 제외하면 만민경제학자들이 하는 짓이란 늘 이렇다." 미국은 처음부터 토지매매가 활발한 사회였다. 그러므로 만민경제학을 미국에 적용하는 것은 "완전히" 실패할 수밖에 없다는 것이 리스트의 생각이었다.

열한 번째 편지는 제조업 성장이 남부의 각 주에도 유익하다는 점을 강조하고 있다. 자주적인 미국체계를 수립하는 일에 있어서 가장 큰 장애물은 남부의 면화농장주 세력들이었다. 쿠퍼나 길스와 같은 "남부 선동꾼들"은 제조업을 위한 보호관세가 결과적으로 황금알을 낳는 남부의 면화산업을 죽인다고 말하고 있었다. 리스트의 시각으로 보면 면화의 공급이나 수요 차원에서 이 주장은 다 잘못된 것이다. 미국의 면화는 점차 공급과잉이 되고 있으며 영국은 이미 면화 수입다변화 조치를 취하고 있다. 결과적으로 미국의 조면공급이 면직물 생산으로 전환되지 않으면 미국의 면화 산업은 곧 위기에 봉착하게 되어 있다. 보호무역조치를 통해 미국 내 면직물 산업을 발전시킴으로 면화의 과잉공급을 해소해야 한다.

리스트는 노예제를 악마적인 제도라고 비판하고 있다. 그러나 노예해방의 해법에 있어서는 도덕적이 아니라 현실적인 접근을 취하고 있다. 그는 남부가 발전하려면 노예제를 폐지하고 이들을 제조업에 투입해야 한다고 주장하고 있다. 리스트는 이 편지에서 면직물농장의 노예를 면직물 산업 노동자로 전환함으로써 얼마나 막대한 수익을 얻을 수 있는가를 각종 통계로 보여 주고 있다. 물론 리스트의 비판자들이 지적한 것처럼 리스트의 통계 분석에 약간의 착오가 발견되고 있다. 그러나 이러한 착오는 본격적인 저술이 아닌 편지형 서술에서 흔히 발생할 수 있다. 핵심은 남부면화산업의 제조업 참여가 노예제를 해소하는 매우 현실적인 방안이라는 사실이다.

열두 번째 편지는 일종의 결론으로서 미국체제가 모든 시민의 이익에 적합하다는 짤막한 편지이다. 현재의 자유무역체제를 유지한다면 오직 남부의 농장주들만 이익을 얻게 되며 미국은 영국의 속국처럼 된다. 적절한 보호무역조치를 실행해야만 북부의 기업주들과 서부의 농민들이 동시에 살아날 수 있고 미국은 자주독립국이 된다. 물론 열한 번째 편지에서 언급한 것처럼 이 조치는 남부의 농장주들에게도 유익하다. "미국체계를 채택하는 것은 영국과 거래로 이익을 얻는 중개상인만 제외하면 어떤 계층도 손해를 보지 않는다."

리스트의『미국정치경제론』은 아직 완결된 논증 체계를 가진 저술이 아니다. 2주의 짧은 시간을 두고 작성된 열두 편의 독립적인 편지이기 때문에 유사한 문장과 논리가 중복되어 나타나고 있다. 또한 주요 개념들도 덜 세련된 형태로 나타나고 있다. 이러한 이유로 잉거솔과 펜실바니아공업진흥협회는 리스트가 보다 충분한 시간을 가지고이 논리를 발달시켜줄 것을 요청하고 있었다.

그럼에도 불구하고『미국정치경제론』은 리스트 3부작의 기초로서매우 설득력 있는 논리 구조와 논증을 보여 주고 있다. 현실 정치경제의 정교한 분석과 적절한 역사적 사례 제공 그리고 독자들의 공분을불러일으키는 수사법 등은 왜 유사한 논지를 다루는 다니엘 레이몬드나 매튜 캐리의 훨씬 두꺼운 저술보다 리스트의 짧은 편지가 더 성공적인 소통을 이루었나를 잘 보여 주고 있다.[9]

만일 독자들이 리스트의 편지에서 한국의 처지와 비전에 관한 영감을 얻었다면 이 번역의 목적은 충분히 달성되었다고 본다. 해 아래 새로운 것은 없다는 말처럼 아직까지 어떤 국가의 처해 있는 상황이 1820년대와 2010년대에 크게 달라진 게 없다는 사실에 유의해야한다. 국제적 무정부성하에서는 국력 수준이 해당 국가의 자유와 발전을 결정한다는 진실이다. 특히 이것이 수입학문의 역사구조로 인해

---

9) Daniel Raymond, *Thoughts on Political Economy* (Baltimore: Fielding Lucas, 1820); Matthew Carey, *Essays on Political Economy* (Philadelphia: H.C. Carey & I. Lea, 1822).

자유주의와 사회주의의 패러다임에 이데올로기적으로 사로잡혀 있는 한국의 정치경제학계에 민족주의의 태두인 리스트 저작의 소개가 더욱 활발해져야 할 이유라고 본다.

주해

1

라파예트(Marie-Joseph Paul Yves Roch Gilbert du Motier de La Fayette, Marquis de La Fayette, 1757-1834)는 프랑스의 귀족이자 군인, 정치가, 외교관으로서 미국독립전쟁과 프랑스대혁명을 이끈 인물이다. 미국독립전쟁에서는 워싱턴 연방군의 장군으로서 브랜디와인 전투, 로드아일랜드 전투, 요크타운 전투에 참여하여 승리에 기여했다. 미국독립 후에 프랑스로 돌아와 삼부회를 이끌었고 프랑스인권선언을 기초했으며 혁명전쟁의 지휘관이 되었다. 자유주의와 입헌왕정을 지지했으나 공화정의 구성에도 참여했다. 미국독립전쟁의 영웅으로서 미국의 명예시민권을 부여받았으며 1824년에 미국을 국빈 방문하게 되었다. 1823년에 프랑스의 철학교수인 쿠신(Victor Cousin)으로부터 리스트를 소개받은 이후 리스트의 민족을 향한 열정과 사상과 고통에 깊은 감명을 받고 뷔템베르크 왕과 분쟁 중인 리스트를 미국 국빈 방문에 동행하도록 초청하였다. 라파예트는 국빈 방문 중 조금 뒤에 합류한 리스트를 미국의 주요 인사들, John Quincy Adams 대통령을 비롯하여, Henry Clay, Daniel Webster, W.H. Harrison, Marshall 대법관, 그리고 이 편지의 수령자인 Charles Ingersoll 등에게 소개해 주었다.

2   잉거솔(Charles Jared Ingersoll, 1872-1862)은 미국 건국자 중 하나
인 Jared Ingersoll의 아들로서 저명한 변호사이며 정치가이다. 미국연방
의회 의원(1813-1818, 1841-1849), 필라델피아 검찰총장(1815-1829)을
역임했다. 라파예트로부터 리스트를 소개받은 이후 다양한 측면에서 리
스트의 미국 정착을 도왔다. 가장 대표적인 것이 내셔널 가제트지에 리스
트의 논문을 게재하는 것과 펜실바니아 협회의 강사로 초청한 것이었다.

3   펜실바니아협회(the Society for the Promotion of Manufactures
and Mechanical Arts in Pennsylvania)가 주최하는 해리스버
그 총회(Harrisburg Convention)는 "the General Convention of
Agriculturalists and Manufacturers, and others friendly to the
encouragement and support of the Domestic Industry of the United
States"라는 긴 이름으로 1827년 7월 30일에서 8월 3일까지 펜실바니아
의 해리스버그에서 개최되었다. 이 총회는 다음 국회 회기에 상정되는 자
유무역파의 "Mallory Woollen Bill"을 비판하고 새로운 보호관세조치를
옹호하는 목적을 가지고 있었다. 이 총회에 초청을 받은 95명의 대표들
가운데는 C.J. Ingersoll, H. Niles, M. Carey, R. Fisher 등이 포함되어
있었고 리스트는 초기 초청자 명단에 들어 있지 않았다. 그러나 잉거솔에
의해 강사로 초청되어 "미국정치경제론"에서 밝힌 내용을 설명할 기회를
얻었다.

4   토마스 쿠퍼(Thomas Cooper)의 책, *Lectures of the Elements of*

Political Economy(Charleston, 1826)을 의미하고 있다. 쿠퍼는 영국 출신의 교육자 겸 정치가로서 1819년에 사우스캐롤라이나대학의 화학과 교수로 취임하여 정치경제학도 가르쳤다. 후에 사우스캐롤라이나대학의 총장 역임했다.

5
    여기에서 언급한 책은 Adam Smith, *An Inquiry into the Nature and Causes of the Wealth of Nations*와 J.B. Say, *Traité d'économie politique* 를 의미하고 있다.

6
    리스트는 1825-1826년에 해리스버그에 머물면서 집중적으로 정치경제연구에 몰두할 기회를 가졌다. 폰 방겐하임(von Wangenheim)에게 보낸 편지에 이러한 상황이 잘 서술되어 있다. "저는 여기에서 미국 농부의 삶을 누리고 있습니다. 그리고 남는 시간에는 책을 하나 쓰려고 자료를 모으고 있는 바, 이 책이야말로 모든 점에서 새로우며 서구사회가 반드시 알아 두어야 할 가치를 포함하고 있습니다. 이 내용들은 제가 프랑스와 영국, 미국 등을 여행하면서 얻은 것으로서, 특히 미국이야말로 우리 조국을 위해 가장 필요한 정치경제 및 정치생활의 교과서라고 말할 수 있습니다." (List 1996, 289-291쪽)

7
    Charles Irénée Castel, Abbé de Saint Pierre(1658-1743)는 프랑스의 작가이며 3권짜리 "*Project de Paix Perpétuelle*(Utrecht, 1713)"을 저술한 바 있다.

8   리스트가 언급한 "조화로운 상태(a harmonious state)"는 당시 관세문제를 둘러싼 토론의 주요 쟁점이었다. Alexander Hamilton은 그의 "제조업 보고서(Report on Manufactures)" 134쪽에서 다음과 같이 주장하고 있다. "그럼에도 불구하고 경험에 의해 확증되며 일반적으로 인식되고 있는 원칙이 있는데 그것은 제조업의 총체적 번영과 농업의 총체적 번영은 서로 긴밀하게 연관되어 있다는 사실이다." Daniel Raymond는 그의 "두 분야에 존재하는 정치경제학의 요소들(Elements of Political Economy in Two Parts)" 제1집 216쪽에서 다음과 같이 말하고 있었다. "인류의 보편적 경험이 증명해 주고 있는 바는 두 종류의 노동(즉 농업과 제조업)이 상호 간에 이익을 주고 있다는 점이며, 세계에서 가장 부유하고 번영하는 나라들에서는 이 두 분야 사이의 적절한 분업이 이루어지고 있다. … 최고의 공동체란 농업과 공업이 피차에 적절한 비율을 유지하는 곳인데 만일 어느 한 쪽이 과도하여 다른 한 쪽을 억누르게 된다면 국가가 이 균형을 회복하고 재배치하는 역할을 해야 하며 약한 쪽을 권장하거나 보호해야 한다." (List 1996, 293쪽에서 재인용)

9   Charles James Fox(1749–1806)는 영국의 휘그당 출신 하원의원과 외무장관을 역임했다. 미국독립전쟁과 프랑스대혁명을 지지하고 개인의 자유와 종교의 자유를 옹호했으며 노예해방에 적극적이었다. 소 피트(William Pitt, 1759–1806)의 정적으로서 둘 사이의 경쟁이 유명하다.

10   여기에서 언급하는 "곡물법(corn law)"은 영국의 중상주의 정책을 대변하는 "수입법(Importation Act, 1815-1846)"을 의미하고 있다. 1쿼터(218,8 kg)에 80실링을 보장하는 관세정책으로 지주들의 이익을 보장하려는 목적을 가지고 있었다. 리스트는 그의 Adler지에서 캐닝의 곡물법을 자주 비판했다. 리스트가 언급한 "직물법(woollen bills)"의 대표는 "모직법(Wool Act, 1699-1867)"이다. 이 법은 영국의 모직산업을 보호하기 위해 식민지들의 직물생산을 제한하고 관세를 통해 세수를 증대시키는 것이 목적이었다.

11   독일상공회의소의 정식명칭은 Allgemeine Deutsche Handels- und Gewerbeverein으로 1819년 프랑크푸르트의 암마인에서 출범했다. 리스트는 이 협회에서 고문으로 활약했는데 독일 내부 관세의 철폐를 청원할 때에는 5,051명이 서명했다.

12   한자동맹(Hanseatic League)은 13세기에 독일 북부의 상업도시 뤼베크를 중심으로 시작된 상업도시동맹이다. 유트레히트 조약(1474)으로 최전성기를 이루었으나 이후에 등장한 민족국가들의 도전으로 17세기경에는 국제적 동맹으로서의 영향력을 상실했다. 그러나 독일 북부에서는 여전히 자유도시 형태와 영향력을 유지하고 있었기 때문에 독일통일에 큰 장애물로 간주되고 있었다. 한자동맹의 실패 이유에 대해서는 리스트의 『정치경제의 민족적 체계(das Nationale System der politischen Ökonomie)』 제1권 제2장을 참조할 것.

13   Friedrich Julius Heinrich, Imperial Count of Soden(1754–1831)
은 독일판 국부론(*Die National öconomie, ein philosophischer Versuch
über die Quellen des National reichtums und über die Mittel zu dessen
Beförderung, 9 volums*)의 저자이다.

14   바이에른의 왕 루드비히 1세(Ludwig I, 1786–1868)는 예술과 교육,
산업을 장려한 독일의 계몽군주 중 하나이다. 1830년의 7월 혁명기 이후
로 보수적 정책을 실시했으나 독일철도와 독일관세동맹에 참여하였다.
리스트는 그를 다음과 같이 평가하고 있었다. "바이에른은 이제 독일인
들의 모든 희망이 집약되어있는 바를 향해 나가고 있다. 만일 현 국왕이
더 오래 살아서 그가 시작했던 체제를 지속한다면 우리가 불과 몇 해 전
에만 해도 절망했던 많은 아름답고 좋은 것들이 이루어질 것이다." (List
1996, 299쪽에서 재인용.)

15   Jean Antoine Chaptal, Comte de Chanteloup(1756–1832)는 프랑
스의 화학자이며 상공부장관을 역임한 정치가이다.

16   George Canning(1770–1827)은 영국의 정치가로서 외무장관과 수
상을 역임했다. William Huskisson(1770–1830)은 영국의 정치가이자
사업가로 캐닝의 오랜 친구이다. 무역협회 회장과 해군장관을 역임하면서
항해조례(Navigation Act)의 자유화, 노동법 개정, 수입관세 인하 등 자
유무역정책을 실천하였다.

17   Jean-Baptiste Guillaume Joseph Marie Anne Séraphin, comte de Villèle(1773-1854)은 프랑스의 극우파 정치가로서 왕정복고 후 루이18세 치하에서 프랑스의 수상을 역임했다.

18   (원주) 아담 스미스의 책 4권 6장을 참조할 것. 여기에서 이 대단한 작가께서는 이 조약의 결과를 크게 오해하시고 민족정치를 민족경제로부터 분리하신 나머지 이 조약이 영국에 극히 불리하고 포르투갈에 극히 유익하다고 말씀하셨다. 그러나 이 조약으로 포르투갈은 국가의 독립, 제조업, 상업, 그리고 어떤 민족이 마땅히 보존해야할 모든 것을 상실했던 것이다—영국을 상대로.

    (역주) 리스트가 언급하고 있는 "메튜엔 조약(The Methuen Treaty)"은 영국의 John Methuen(c.1650-1706)이 주도하여 1703년에 포르투갈과 체결한 "Port Wine Treaty"를 의미한다. 포르투갈은 스페인 계승전쟁의 혼란에 휩쓸려 있었고 국가안보에 대한 프랑스의 보장도 영국 해군의 리스본·카디스 봉쇄로 무산된 상황에 처해 있었다. 영국해군의 압력하에서 포르투갈은 영국과 동맹을 맺고 영국의 공산품을 무관세로 수입하는 대신 포르투갈의 포도주를 프랑스산 포도주보다 1/3 관세로 수출하는 메튜엔 조약을 체결했다. 메튜엔 조약에 관한 리스트의 분석은 Matthew Carey가 그의 *National Interests and Domestic Manufactures*(Boston, 1819)의 51쪽에서 제시한 견해와 유사하다. (List 1996, 301쪽에서 재인용.)

19   리스트는 여기에서 캐닝이 1826년 12월 12일 영국의회에서 한 연설을 언급하고 있다. 캐닝의 연설에 대하여 리스트는 이미 그의 *Readinger Adler* 지에서 차례로 다루고 있었다. (List 1996, 301쪽에서 재인용.)

20   소위 신성동맹(Holy Alliance)이란 프랑스에 대항하기 위해 러시아, 오스트리아, 프러시아의 3국이 체결한 동맹으로 리스트가 언급한 두 차례의 침공이란 1814년과 1815년의 침략전쟁을 의미한다. (List 1996, 301쪽에서 재인용.)

21   Hugo Grotius(1583-1645), Emer de Vattel(1714-1767), Baron Samuel von Pufendorf(1632-1694), Georg Friedrich von Martens (1756-1821).

22   리스트는 여기에서 캐닝이 1827년 6월 1일에 영국의회에서 행한 예산안 연설을 언급하고 있다. 이 연설에서 캐닝은 피트 수상의 1792년 의회연설에서 이루어진 아담 스미스의 언급을 재인용하고 있었다. "아담 스미스 선생님은 그의 저작에서 상업과 관련된 역사에서 발생하는 모든 의문에 대해 최고의 해답을 제시해 주고 계시며 저는 그분의 말씀을 제 정책의 길잡이이자 북극성으로 삼고 있습니다." (List 1996, 303쪽에서 재인용.)

23   여기에서 "에서"는 성경의 창세기 25장 29-34절에서 등장하는 "야

곱"의 형을 의미한다. 에서는 잠깐의 배고픔을 해결하기 위해 야곱이 쑤고 있던 팥죽 한 그릇에 자신의 상속권을 팔고 말았다.

24   (원주) 아담 스미스의 『국부론』 제6권 2장과 세이의 『정치경제학개론』 1권 17장을 참조.

25   (원주) 콜케혼(Colquhoun)의 "대영제국의 국부(*Wealth of the British Empire*)" 91쪽을 참조.

26   Brother Jonathan은 Yankee, Uncle Sam과 함께 자주 사용되는 미국인에 대한 통칭이다. 리스트 당시에 주로 뉴잉글랜드 지역민을 긍정적으로 통칭하는 용어이다. 조지 워싱턴이 그가 존경하는 Jonathan Trumbull 코네티컷 주지사를 자주 조나단 형제라고 언급한 데에서 출발했다는 주장도 있다. (List 1996, 305쪽에서 재인용.)

27   이 부분은 Alexander Hamilton 의 *Report Nr. 31*의 35쪽을 인용한 것으로 보인다. "유럽의 제조업 자본가들이 이 보고서에서 언급한 많은 이점들을 알게 된다면 그들은 그들 자신과 그들의 자본을 미국으로 이전하고 싶은 강력한 유인을 느끼게 될 것이다." (List 1996, 305쪽에서 재인용.)

28   이 편지 뒷부분의 "새로운 기계 발명이 국가에 유용한가" 편과 『정치
경제학의 민족적 체계』 제12장과 제18장에서 보듯이 리스트는 노예제도
를 맹렬히 반대하고 있다. 이 글을 쓸 당시에 남부의 각 주는 노예제를
유지하면서 이것이 국력이라고 주장하고 있었기 때문에 리스트는 흑인
노예를 돌려보내도 국력에 손상이 없다고 주장하고 있는 것이다.

29   (원주) 이 진부한 어귀는 프랑스의 수출입상인 구르네(de Gournay)
씨에 의해 발명되었다.
      (역주) Jacques Claude Marie Vincent de Gournay(1712-1759)
는 프랑스의 관료이자 경제학자로 케네의 추종자이었다. 저서는 없
지만 이 어귀 외에도 관료(bureaucratie; bureaucracy, 문자적으로는
"government by desks")라는 말의 창시자로도 알려져 있다.

30   Robert Fulton(1765-1815)은 미국의 발명가로서 미국의 상업성 있는
증기선과 프랑스를 위한 최초의 잠수함, 그리고 영국 해군을 위해 최초
의 어뢰를 개발한 사람으로 알려져 있다.

31   미국과 트리폴리 간의 전쟁은 "First Barbary War(1801-1805)"라고
도 알려져 있다. 트리폴리 해안의 해적 행위를 통제하는 1797년의 트리폴
리 조약(Treaty of Peace and Friendship between the United States of
America and the Bey and Subjects of Tripoli of Barbary) 이후 미국이
알제리에 공급한 함선에 대해 불만을 품은 트리폴리 태수가 미국적의 선

박을 나포하면서 시작되었다. 제퍼슨 대통령은 미국과 스웨덴의 연합함
대에 트리폴리 봉쇄를 명령했고 4년간의 전쟁 후 트리폴리가 항복했다.

32   안정성의 원칙(the principle of steadiness)은 리스트 이론에서 매
우 중요한 개념이다. 이 개념은 향후 리스트의 책에서 자주 반복되는
데 당시에 리스트와 친교를 맺고 있는 사람들의 저술에서도 자주 발
견되고 있다. Henry Clay, "Speech in support of an American
System"(Washington 1824, 25쪽); Hezekiel Niles, "Agriculture of the
United States"(1827). (List 1996, 311쪽에서 재인용.)

33   리스트는 여기에서 1820년 4월 21일에 행한 Henry Baldwin(1780-
1844)의 의회연설을 인용하고 있다. "의원 여러분들께서 기억하셔야 할
점은, 이 관세 법안이 암흑기의 어리석음이나 편견이나 엉터리 이론이나
모든 유럽이 단결하여 반대하는 어떤 사람의 것이 아니라는 것입니다.
1817년 공동의 투쟁으로 회복된 우리 정부에 의해 채택되고 정치경제학
의 영국 저자들에 의해 온갖 광휘를 다 뿌리고 있습니다만, 이 저자들은
그들이 살고 나라에서 그다지 존중을 받는 사람들이 아니며 그들의 책
은 수출용이고 국내용은 아니며 이제 우리들에게 이 법안의 장점을 깨우
쳐 주기 위해 의회 로비에서 세일을 기다리고 있습니다." 리스트는 이 관
점을 그의 『정치경제학의 민족적 체계』에서 다음과 같이 요약하고 있다.
"미국의 탁월한 웅변가인 볼드윈 씨는, 지금 연방대법원 판사직에 있지
만, 캐닝과 허스키슨의 자유무역체제에 대해 적절한 유머를 섞어 다음과

같이 말했다. 대부분의 영국 제조업처럼 국내 판매가 아니라 해외수출을 위해 만들어졌다."(List 1996, 313쪽에서 재인용.)

34
    브라질의 독립기념일은 돔 페드로 1세의 "이피랑가의 외침"(1822년 9월 7일)으로 삼고 있다. 실제로 브라질에서 포르투갈군이 철수하고 양국 간 평화조약이 체결된 것은 1925년이다. 이 과정에서 영국의 외무장관을 맡고 있던 캐닝은 "영국은 라틴 아메리카에 유럽 국가의 개입을 허용하지 않겠다"고 선언하고 1823년 8월에 미국의 동참을 제안했다. 캐닝의 제안을 거부하고 미국은 그해 12월에 독자적인 먼로선언을 발표하였다. 캐닝이 파견한 Sir Charles Stuart는 1824년부터 3년간 브라질 대사로 머물면서 포르투갈의 브라질 독립 인정 및 영국의 브라질 인준 등을 추진하였다. 그러나 캐닝은 영국의 브라질 개입을 적극적으로 부인했다. 1827년 1월 13일자 필라델피아의 National Gazette지에 실린 1826년 12월 12일자 캐닝의 의회연설은 이점을 잘 보여 주고 있다. "자신의 만딸을 위한 포르투갈 국왕의 퇴위는 포르투갈을 위한 자유헌법의 제공과 함께하고 있습니다. 종종 이 퇴위 사건이 영국의 사주에 의한 것이라고 말합니다. 이는 사실이 아닙니다. 영국은 그러한 사주를 한 일이 없습니다."(List 1996, 315쪽에서 재인용.)

35
    캐닝은 1826년 12월 12일 영국의회에서 행한 연설에서 이 문제를 명료하게 정리했다. "여러 의원님들께서는 영국의 명예가 손상당하고 아무런 보상도 없다고 생각하십니까? 여러 의원님들께서는 우리가 카디스를 봉쇄한 데 대해 아무런 보상도 받지 못했다고 생각하십니까? 의원 여러분, 저는 이제 이름만 같은 또 다른 스페인을 보고 있습니다. 강대국으로서의 스페인은 스페인과 라틴 아메리카를 합친 것이었습니다. 라틴 아메리카는 이제부터 신대륙으로 자리매김할 것입니다. 그리하여 유럽 세력균형에 근본적인 수정이 발생할 것입니다. … 이것이 바로 프랑스의 스페인 점령 문제에 대한 저의 답변입니다." (List 1996, 315쪽에서 재인용.) 리스트의 주장처럼, 캐닝은 프랑스의 스페인 점령이 라틴 아메리카의 독립을 초래할 것이고 이로서 영국의 국익은 더욱 증대된다는 설명이다. 프랑스의 스페인 점령을 막지 못한 것으로 인한 영국의 체면 손상은 이에 비하면 약소하다는 것이었다.

36   Robert Stewart Castlereagh, the Second Marquess of Londonderry(1769-1822)는 비엔나회의를 이끈 영국의 외무장관으로서 세력균형정책의 신봉자이었다. 나폴레옹이 지배하던 이베리아반도에 반란이 발생하자 반군을 지원하고 나폴레옹 체제를 붕괴시키려는 목적으로 3만 명의 영국군을 파견하여 소위 반도전쟁(the Peninsular War, 1808-1814)을 일으켰다. 1822년 8월에 펜나이프로 자살하였다.

37   (원주) 노예제 문제는 아주 중요하다. 노예노동을 제조업에 활용하는 방법에 대해서는 다음 편지에서 언급할 것이다.
    (역주) 이 편지가 열한 번째이고 마지막인 열두 번째 편지는 결론이어서 리스트의 약속은 이 편지 시리즈에서 이루어지지 않고 있다. 리비히의

논평에 따르면, 당시의 에드워드 리빙스톤 국무장관에게 보낸 리스트의
또 다른 편지가 이를 대신하고 있다. 이 편지에서 리스트는 노예제를 악
마적인 제도로 간주하고 남부의 발전은 노예제를 폐지하고 이들을 제조
업에 투입함으로써 이루어진다고 주장했다. (List 1996, 319쪽). 노예제의
폐지와 온전한 시민으로서의 공동체적 분업 참여에 관한 본격적 논증은
이후에 발간된 "정치경제학의 민족적 체계"에 자세하게 서술되어 있다.

38   리스트는 그의 Readinger Adler지에서 자주 터키제국의 현황을 언급
하였다. 1826년 10월 10일의 기사에서 리스트는 "이 점은 분명한 것인데,
이 회교제국은 이제 몰락의 기점에 처해 있다."라고 결론짓고 있다. (List
1996, 319쪽에서 재인용.)

39   이 부분에서 리스트의 착오가 발견된다. 킬로그램 대 파운드
가 1:2로 계산된다 해도 6,400만 파운드는 3,200만 킬로그램이 되
어야 한다. Pierre Laurent Barthélemy François Charles de Saint-
Cricq(1772-1854)는 프랑스의 상공부장관과 관세청장을 역임한 정치가
이다.

40
     (원주) 스미스의 국부론 제3권 3장을 참조.

41
     여기에서 리스트는 1827년 7월 2일, 사우스 캐롤라이나 대학의 쿠퍼

총장이 콜롬비아의 모임에서 한 연설을 언급하고 있다. 쿠퍼는 "왜 항상 남부는 손해보고 북부는 항상 이익을 보아야 합니까? 이제는 남부 유니 언의 이익을 따져 보아야 할 때입니다. … 분리 독립의 대안도 고려하면서 …"라고 말했다. (List 1996, 321쪽)

42

제2기 대통령을 마치고 고향으로 은퇴하면서 1796년 9월 19일 *American Daily Advertiser*지를 통해 배포된 그의 "고별연설"에서 조지 워 싱턴은 다음과 같이 말했다. "여러분은 헤아릴 수 없이 많은 순간들에서 민족적 단결이 여러분의 공동의 이익과 개인의 행복에 얼마나 가치 있는 지를 알게 될 것입니다." (List 1996, 321쪽에서 재인용.)

43

Hirst 2012, 46-47쪽에서 발췌.

찾아보기

미국정치경제론 미국의 균형발전을 염원하는 열두 편의 서신

초판 1쇄 인쇄 • 2015년 1월 13일
초판 1쇄 발행 • 2015년 1월 20일

지은이 • 프리드리히 리스트
옮긴이 • 백종국
펴낸이 • 권순기 | 경영 • 김명주
편집 • 김종길 책임편집, 백수진 국어문화원 | 디자인 • 김성은

펴낸곳 • 경상대학교출판부
주소 • 경남 진주시 진주대로 501
전화 • 055) 772-0801~2
FAX • 055) 772-0809
E-mail • gspress@gnu.ac.kr
홈페이지 • http://gspress.gnu.ac.kr
등록 • 1989년 1월 7일 제16호

이 도서의 국립중앙도서관 출판시도서목록(CIP)은 서지정보유통지원시스템 홈페이지(http://seoji.nl.go.kr)와
국가자료공동목록시스템(http://www.nl.go.kr/kolisnet)에서 이용하실 수 있습니다.
(CIP제어번호: CIP2014037618)

총장이 콜롬비아의 모임에서 한 연설을 언급하고 있다. 쿠퍼는 "왜 항상 남부는 손해보고 북부는 항상 이익을 보아야 합니까? 이제는 남부 유니언의 이익을 따져 보아야 할 때입니다. … 분리 독립의 대안도 고려하면서 …"라고 말했다. (List 1996, 321쪽)

42

제2기 대통령을 마치고 고향으로 은퇴하면서 1796년 9월 19일 *American Daily Advertiser*지를 통해 배포된 그의 "고별연설"에서 조지 워싱턴은 다음과 같이 말했다. "여러분은 헤아릴 수 없이 많은 순간들에서 민족적 단결이 여러분의 공동의 이익과 개인의 행복에 얼마나 가치 있는지를 알게 될 것입니다." (List 1996, 321쪽에서 재인용.)

43

Hirst 2012, 46-47쪽에서 발췌.

찾아보기